GUIDE D'ÉTUDE POUR

LA TRAGÉDIE DES SIÈCLES

PAR ELLEN G. WHITE

Précédemment publié sous le titre

Thought Questions and Notes on

THE GREAT CONTROVERSY

Préparé par D. E. Robinson

Traduit et édité en français par Cyril H. Kparou.

Tous droits de retraduction réservés.

Copyright © 2021 par Ellen G. White Estate, Inc.

Préparé sous la direction d'Ellen G. White Estate et du Département de l'école du sabbat et des ministères personnels de la Conférence générale.

Les droits d'auteur de la couverture et de la conception sont détenus par Eduardo Olszewski et Casa Publicadora Brasileira, Tatuí, SP - Brésil.
Mise en page du document original par le Département des publications de la Conférence générale.

SOMMAIRE

Avant-propos 5
Références et Introduction 6
1 La destruction de Jérusalem 7
2 La persécution aux premiers siècles......................9
3 Une ère de ténèbres spirituelles 11
4 Les Vaudois du Piémont..................................13
5 Jean Wiclef 15
6 Hus (1373–1415) 17
7 Luther se sépare de Rome 20
8 Luther à la diète de Worms (1521) 22
9 Le réformateur suisse...................................25
10 Progrès de la Réforme en Allemagne 28
11 La protestation des princes 30
12 La réforme en France....................................32
13 En Hollande et en Scandinavie...........................35
14 Progrès de la réforme en Angleterre 37
15 La Bible et la révolution française 40
16 Les pères pèlerins 43
17 Les précurseurs du matin 45
18 Un réformateur américain 47
19 Lumière et ténèbres 50
20 Un grand réveil religieux...............................51
21 Un avertissement rejeté 54

22	Prophéties accomplies	56
23	Qu'est-ce que le sanctuaire?	58
24	Dans le lieu très saint	61
25	La loi de Dieu est immuable	63
26	Une réforme indispensable	66
27	Réveils modernes	68
28	L'instruction du jugement	71
29	L'origine du mal	73
30	L'inimitié entre l'homme et Satan	75
31	Les bons anges et les esprits malins	77
32	Les pièges de Satan	79
33	La séduction originelle	82
34	Nos morts peuvent-ils nous parler?	85
35	Les visées de la papauté	87
36	L'imminence de la lutte	89
37	Les Écritures, notre sauvegarde	91
38	L'avertissement final	93
39	Le temps de la détresse	95
40	La délivrance	98
41	La terre désolée	101
42	La fin de la tragédie	102

AVANT-PROPOS

Les Adventistes du septième jour ont besoin de plus qu'une connaissance superficielle du contenu de *La tragédie des siècles*. La destinée éternelle de chacun dépend de sa relation avec les enjeux de ce conflit, qui atteint son apogée dans la dernière génération de l'humanité. La crise qui attend l'Église du reste est brièvement décrite dans Apocalypse 13 et 14. Dieu a envoyé à son peuple qui doit personnellement faire face à cette crise, par le don de prophétie, des instructions détaillées sur ce qui va arriver et sur la manière de s'y préparer. Ces instructions se trouvent, pour l'essentiel, dans ce livre.

« Ordonnée à faire connaitre aux autres » ce que l'Esprit de Dieu avait communiqué à son esprit, l'auteur énonce dans l'introduction l'objectif principal du livre: « leur raconter l'histoire du grand conflit, de façon à montrer l'importance de la mêlée qui s'approche à grands pas ».

Alors que l'auteure travaille assidument à l'achèvement du livre, elle écrit en 1884: « Je veux le publier le plus tôt possible, car notre peuple en a tant besoin. J'ai été incapable de dormir la nuit, car je pensais aux choses importantes qui allaient se produire. De grandes choses sont devant nous, et nous voulons appeler le peuple à sortir de son indifférence pour se préparer ».

Ces questions et notes de réflexion ont pour but d'aider le lecteur à adopter une approche approfondie de ce livre. Pour une étude personnelle, consultez-les au fur et à mesure que vous lisez le texte. Pour les groupes de discussion ou d'études bibliques, attribuez des sections à différents membres qui pourront ensuite partager ce qu'ils auront appris. Lorsque vous répondez aux questions, tenez compte des points clés du chapitre au lieu de vous contenter de répondre par oui ou non ou par une seule phrase. Utilisez un stylo et du papier pour relever tout autre point important que vous découvrez.

L'étude nécessaire à la préparation des questions a été très intéressante et bénéfique. L'auteur espère que vous fassiez la même expérience.

D. E. Robinson

RÉFÉRENCES

Les références à la fin des questions renvoient à la page et au paragraphe du livre *La tragédie des siècles*. Ainsi, « 19:2 » fait référence au paragraphe 2 de la page 19. Chaque paragraphe est considéré comme une unité et est attribué à la page sur laquelle il commence, bien qu'il puisse déborder sur la page suivante. Les pages correspondent à la version électronique.

INTRODUCTION

Ce guide d'étude commence par le premier chapitre de *La tragédie des siècles*. Cependant, son introduction est également un article important. L'auteure y retrace l'œuvre d'inspiration du Saint-Esprit à travers l'histoire, alors que des hommes et des femmes pieux ont reçu et mis par écrit des révélations de Dieu. Ellen White raconte comment Dieu lui a également révélé les vérités de la Bible, ainsi que les scènes passées et futures du grand conflit entre Christ et Satan. Ces révélations ont conduit à la rédaction de *La tragédie des siècles*. Le lecteur aura tout intérêt à lire attentivement l'introduction du livre avant de commencer le premier chapitre.

LA DESTRUCTION DE JÉRUSALEM

1. Étudiez les circonstances entourant l'angoisse de Jésus à propos de Jérusalem. Pourquoi cela a-t-il dû paraître étrange et inexplicable aux spectateurs (14:2, 3)?

2. Jésus avait-il des raisons d'être triste pour lui-même alors qu'il se trouvait à Gethsémané et au calvaire? Quelle est la raison de son intense douleur (14:2)?

Remarque: Lorsque nous pensons aux temps difficiles qui attendent le peuple de Dieu, devons-nous nous préoccuper davantage de nos propres difficultés et épreuves, ou du sort des impénitents? Si nous suivons l'exemple de Jésus en pensant aux âmes perdues, comment reflèterons-nous ce fardeau dans nos vies?

3. Méditez sur la compassion et l'amour de Dieu pour son peuple dans les rapports qu'il a eu avec lui dans le passé et dans la mission d'amour de Christ à son égard. Mémorisez: « Les vagues de la miséricorde, repoussées par des cœurs obstinés, refluaient en ondes d'amour inexprimable ». (16:3).

4. Qu'est-ce qui avait fait pleurer les prophètes? Comment la vision de Jésus sur l'avenir se compare-t-elle à leurs attentes (1) quant à la période couverte, (2) quant aux multitudes de personnes concernées, (3) quant à leur iniquité, et (4) quant à la sévérité des jugements (17:1; 18:1; 28:2).

La destruction de Jérusalem

5. Comparez le grand péché des Juifs à celui du monde chrétien plus tard (18:2).

6. Quelle prophétie de Michée s'est accomplie dans l'attitude des Juifs et la destruction de leur ville? Comment s'est-elle accomplie (22:2; 23:2)?

7. Quelles circonstances ont permis aux disciples de Christ de s'échapper de Jérusalem afin de sauver leur vie? Où ont-ils trouvé un lieu sûr (25:4; cf. 31:1)?

8. Les relations de Dieu avec Israël illustrent la manière dont il utilise toutes les ressources du ciel pour persuader les gens d'accepter le salut (16:3; 18:1; 23:2).

9. En rejetant Dieu de manière définitive et irrévocable, les gens choisissent Satan comme maitre. Quel genre de maitre est-il? Montrez que la destruction de Jérusalem et de la nation juive est une conséquence naturelle de leur impénitence. Comment ce principe s'applique-t-il à notre époque (29:2)?

10. Qui nous donne la paix et la protection? Qu'est-ce qui peut causer le retrait de cette protection, et quelles en seraient les conséquences (30:1)?

11. Quelles sont les conditions qui prévaudront jusqu'à la fin du temps de grâce (32:1)?

LA PERSÉCUTION AUX PREMIERS SIÈCLES

1. En prédisant les expériences de son peuple jusqu'à la fin des temps, Jésus a-t-il donné des raisons flatteuses aux gens afin de les amener à accepter le christianisme? Quelle phase de leur expérience a-t-il particulièrement soulignée (33:1)?

Remarque: Le fait que Jésus ait prédit les expériences éprouvantes que son Église allait vivre a fortifié les croyants dans leur combat contre les forces du mal.

2. Quel était le secret du courage et de la persévérance des fidèles pendant les terribles persécutions du paganisme (34:2, 35:1)?

3. De quelle manière la persécution s'est-elle avérée être une bénédiction (1) pour la cause de la vérité, (2) pour l'expérience des croyants individuels, et (3) pour l'Église en tant que corps (35:2, 3)?

Remarque: La croissance phénoménale de l'Église dans ces circonstances défavorables montre un esprit remarquable de zèle missionnaire parmi les membres laïcs.

4. En changeant sa stratégie contre l'Église, Satan a causé plus de mal en amenant ses membres à faire des compromis. Ils augmentèrent considérablement en nombre, mais à un prix élevé de la vitalité spirituelle (36:1; 36:4).

La persécution aux premiers siècles

Remarque: Nous voyons aujourd'hui dans le monde religieux une tendance populaire au compromis au prix de l'abandon d'une vérité vitale.

5. Comment devrions-nous réagir à la tendance actuelle à faire des compromis avec l'erreur (38:2)?

6. Quel rôle les apostats ont-ils joué dans la guerre contre les doctrines de Christ (37:2)? Pour l'application du même principe à notre époque, voir 537:2.

7. Comment pouvons-nous harmoniser la déclaration de Jésus « Je ne suis pas venu apporter la paix, mais l'épée » avec son titre de « Prince de la Paix » (39:2, 40:1)?

8. Remarquez la manière dont Dieu traite les justes et les méchants. En leur permettant de révéler leur véritable caractère, il justifie sa justice en détruisant les méchants à la fin (48:1, 2).

9. L'Église doit-elle se sentir satisfaite si elle n'est pas amèrement persécutée? Quelle expérience du peuple de Dieu renouvèlera la persécution contre lui (48:3)?

UNE ÈRE DE TÉNÈBRES SPIRITUELLES

(voir L'apostasie)

1. Après toute régénération, soit d'un individu, soit d'une Église, vient le péril de la dégénérescence. L'histoire du conflit sur la vie humaine a toujours été semblable à celle d'Israël, comme l'indique Juges 2:7-19. L'inverse est également vrai: à l'heure des plus profondes ténèbres spirituelles, Dieu allume une nouvelle lumière pour éclairer ces ténèbres.

_____
_____

2. Comparez les étapes de l'apostasie individuelle à celles de l'apostasie de l'Église primitive. Les premières digressions étaient presque imperceptibles (49:2). Avec quel soin devons-nous nous prémunir contre les débuts du compromis qui tendent à abaisser la norme parfaite de Dieu?

_____
_____

3. Satan reconnait la puissance de la Parole de Dieu, « le livre dénonciateur de l'erreur » (51:3). Chaque fois qu'il ne peut empêcher les hommes de posséder les Écritures, il s'efforce de les empêcher de recevoir leur puissance. Remarquez la force de la phrase conclusive à la fin du chapitre, et comparez cela avec 464:1 et 526:1.

_____
_____

4. Comment les Juifs considéraient-ils le sabbat, et à quoi ce point de vue a-t-

Une ère de ténèbres spirituelles

il conduit (45:1)? Devons-nous nous efforcer davantage de faire de l'observation du sabbat un bonheur et un délice, comme indiqué dans Ésaïe 58:13?

_____

_____

5. Par quels moyens les « intérêts contradictoires du paganisme et du christianisme se sont-ils unis » (46:3)? Notez l'action des mêmes facteurs aujourd'hui (505:1).

_____

_____

LES VAUDOIS DU PIÉMONT

1. La phrase finale de ce chapitre devrait nous inciter à étudier attentivement l'histoire des Vaudois. Leurs successeurs à la fin des temps poursuivront et termineront l'œuvre qu'ils ont commencée.

2. « Au début du septième siècle, l'Europe chrétienne avait atteint un niveau intellectuel très bas… Seulement en Angleterre et en Irlande… et dans quelques villes italiennes, on trouve encore quelque chose d'important de l'ancien savoir romain » (Ellwood P. Cubberley, History of Education, p. 127). La corruption du christianisme a été associée à un grand déclin du savoir. Mais dans la réforme du christianisme, la véritable éducation est restaurée.

3. Sachant qu'il y aura des temps difficiles devant nous, nous devrions remarquer comment la formation et l'éducation parentales données aux jeunes les ont préparés à être fidèles pendant la persécution (57:1-3).

4. Qu'est-ce qui a motivé certains de ces jeunes à fréquenter les universités d'Italie et de France? Quel était le secret de leur constance? Quelle œuvre était la plus importante dans leur esprit pendant leur séjour? Étaient-ils des leaders, ou ont-ils simplement été détournés de leurs principes (58:3 à 59:1 et Testimonies, vol. V, p. 583, 584)?

5. Qu'est-ce qui leur a fait prendre conscience de leur responsabilité solennelle de faire luire leur lumière (59:2)?

_____

_____

6. Quel point essentiel distinguait la vraie religion de la religion apostate (62:2, 3)? Quelle place la doctrine de la justice par la foi devrait-elle occuper dans notre expérience et notre œuvre (63:1)?

_____

_____

JEAN WICLEF

1. Mémorisez 80:3 ou la partie essentielle du paragraphe.

Remarque: « La révélation de tes paroles éclaire, elle donne de l'intelligence aux simples ». Ps. 119:130. C'est après que la Bible ait été enlevée aux gens ordinaires et remplacée par une autorité humaine que le monde fut dans l'âge des ténèbres. Nous commençons maintenant à retracer la restauration du Livre et l'illumination qui en a résulté, jusqu'à la grande réforme. Observez comment, dans l'histoire de Wiclef, l'auteure exalte les Écritures comme étant la source de sa force et la cause de son succès.

2. L'œuvre de Wiclef a-t-elle été affaiblie ou renforcée par son éducation libérale? Donnez autant de raisons que vous pouvez trouver pour votre conclusion, en notant particulièrement 68:4; 69:1; 73:3; 75:2.
Remarque: La plupart des disciples de Jésus avaient une éducation limitée. Nous devrions constamment nous rappeler que la puissance de l'Esprit reposant sur des hommes consacrés et humbles est plus efficace pour Dieu que la simple connaissance.

3. Quelles sont les qualifications de Wiclef qui ont contribué à son remarquable succès en tant que leader (69:2; 80:1)?

4. Quelles étaient les deux doctrines distinctives du protestantisme (76:2; 78:2)?

Jean Wiclef

5. Quels postes officiels Wiclef a-t-il occupés (70:1; 73:1; 74:2)?

6. Quels sont les deux abus contre lesquels il a d'abord protesté (70:1, 2)?

7. Comment Wiclef a-t-il organisé un « mouvement de laïcs », et quel a été son succès (75:2; 76:2; 81:1)?

8. Comment la mort d'un homme important l'a sauvé dans un moment de crise à deux reprises (75:1, 2)?

9. Quels sont les quatre tribunaux devant lesquels Wiclef fut convoqué, et quel a été le résultat à chaque fois (75:1; 76:4; 77:2)?

10. Quelle a été l'œuvre la plus importante de Wiclef, et quelle a été son arme la plus efficace contre l'erreur (76:1, 2)?

11. Quel était l'avenir du mouvement en Angleterre qui a commencé sous sa direction (81:1; 81:3)?
Remarque: Les publications de Wiclef ont permis de diffuser rapidement et largement son témoignage. Leur influence nous donne des leçons utiles pour notre propre œuvre.

HUS (1373-1415)

1. Quels progrès l'évangile avait-il fait en Bohême et quelles étaient les difficultés rencontrées avant l'époque de Jean Hus (83:1, 2)?
Remarque: La bulle de Grégoire VII mentionnée dans le texte a été publiée en 1079.

2. La persécution des croyants a souvent été une bénédiction, car elle a permis de répandre la lumière. Actes 11:19-21. Ceci est illustré dans l'histoire rapportée dans ce chapitre (83:1; 85:3).

3. Wiclef appartenait à une famille de la noblesse et n'a pas rencontré de difficultés financières dans l'acquisition d'une éducation. Hus venait d'une famille pauvre. Tous deux, cependant, s'appliquèrent assidument à l'étude et donnèrent l'exemple d'une vie pure (84:1, 2).

4. Quelle vocation Hus a-t-il choisi de suivre, et quels postes a-t-il occupés (84:2, 3)?

5. Quelles circonstances providentielles ont conduit à la diffusion des écrits de Wiclef en Bohême (84:2, 3)?

Hus

6. What did Huss recognize as the greatest need of the congregation to whom he was called to minister (99:1)?

7. Quel incident illustre le pouvoir de l'éducation visuelle (84:4; 85:1)?

8. Quelles circonstances ont conduit à placer Prague sous l'interdit papal? Quelles étaient les conditions d'une ville placée sous interdit (86:1, 2)?

9. Quels principes devraient nous guider si nous sommes appelés à choisir entre le conseil de Christ dans Jean 10:11-13 et celui dans Matthieu 10:23 (86:3)?

10. Quelle a été la décision finale de Hus dans cette affaire, et comment son parcours a-t-il justifié l'assurance selon laquelle « Nous n'avons pas de puissance contre la vérité; nous n'en avons que pour la vérité »?

11. Quelles furent les deux principales raisons de la convocation du concile de Constance en 1414-18 (89:1, 2)?

12. Remarquez les points de contraste entre Jean XXIII et Hus, l'accusateur et l'accusé (89:2; 91:2).

13. Quelles traces du don prophétique trouvons-nous dans ce chapitre

(83:1; 92:2)? « Hus avait reçu aussi des visions et un rêve prophétique » (Bonnechose, vol. II, p. 24).

14. Si l'on considère la façon dont Hus et Jérôme ont souffert en prison, leur courage et leur acuité d'esprit ont-ils pu venir naturellement (91:4; 95:2, 3)?

15. Comment l'exécution de Hus a-t-elle immédiatement affecté la Bohême (99:2)?

16. Quel succès ont eu les armées de Sigismond contre les défenseurs bohémiens des principes de la liberté religieuse (99:3)?

17. Comment la diplomatie a-t-elle accompli ce que la force ne pouvait faire (101:1)?

18. Qui étaient ceux qui constituaient « l'Unité des Frères »? Quelle était leur influence dans le maintien de la vérité (102:2-4)?

LUTHER SE SÉPARE DE ROME

1. Ce chapitre couvre la période allant de la naissance de Luther, en 1483 jusqu'à la bulle finale l'excommuniant de l'Église, émise par le pape en 1520.

2. Pour illustrer le pouvoir potentiel de la jeunesse consacrée, notons qu'à quatorze ans Luther est entré à Magdebourg; à dix-huit ans, il a commencé ses études à Erfurth; à vingt ans, il a découvert la Bible latine. Il a vingt-deux ans lorsqu'il entre au monastère, et il est ordonné prêtre à vingt-quatre ans. L'année suivante, il est professeur d'université. Il commence à prêcher à vingt-six ans. Son voyage mémorable à Rome a eu lieu à l'âge de vingt-sept ans. Il avait trente-cinq ans lorsqu'il rendit publiques ses quatre-vingt-quinze thèses contre les indulgences. Deux ans plus tard, il fut excommunié.

3. Quelles étaient les parties louables et les parties discutables de la formation de Luther en tant que garçon (104:4-105:1)?

4. En analysant les caractéristiques personnelles qui ont marqué Luther, mémorisez la deuxième phrase du chapitre, et notez 105:3-106:3

5. Comme dans le cas de Saul, le persécuteur, ainsi avec Luther, leur zèle extrêmement consciencieux alors qu'ils étaient dans l'erreur les a rendus puissants dans le service de Dieu lorsque la lumière a brillé dans leurs âmes. Retracez l'illumination progressive de l'esprit de Luther (cf. Phil. 3:5-

Luther se sépare de Rome

9; Gal. 1:14; et 106:1, 2; 107: 2; 111:2; 121:3; 123:3).

6. Bien que Luther apparaisse constamment au premier plan, Dieu a utilisé d'autres personnes pour agir en tant que sages conseillers, parrains spirituels ou protecteurs (107:1; 113:2; 116:1; 119:1). Pour une illustration de la façon dont Dieu a mis des hommes qui tendaient vers des extrêmes opposés pour s'entraider dans son œuvre, voir Premiers Écrits, 224:1, 2.

7. Quelle était l'attitude de Luther sur le sujet de l'éducation chrétienne (108:3; 111:3; 121:2, 4)?

8. Quelles preuves révèlent un grand mouvement laïc en faveur des vérités nouvelles (112:2; 121:1-3; 122:1)?

9. Wiclef et Luther ont été merveilleusement protégés dans leur œuvre, tandis que Hus et Jérôme ont souffert le martyre au début de leur carrière. La mort des uns et la vie courageuse des autres ont contribué de la même manière aux desseins de Dieu. Que le réformateur ait payé de sa vie ou non, il s'est offert à Dieu dans son cœur pour la vie ou pour la mort (Phil. 1:20; et 114:1; 116:1; 120:4; 122:2).

10. Même Luther était parfois troublé par des doutes concernant son œuvre. Comment les a-t-il surmontés (123:2)?

11. Quelles leçons pratiques pouvons-nous tirer des conditions de la mission de Luther qui correspondent à notre époque (124:1, 2)?

LUTHER À LA DIÈTE DE WORMS (1521)

1. L'Empire allemand de cette période était une confédération d'États, dont la Saxe.

2. Dans quel but la diète, ou assemblée, a-t-elle été convoquée en 1521? Quelle question présentait le plus grand intérêt? Quelles catégories de personnes formaient le jury (125:2)?

3. La première question entre les parties adverses était de savoir si Luther devait se présenter à la diète. Pourquoi le légat papal s'est-il opposé à la présence de Luther, et pourquoi Luther et ses amis ont-ils fait pression pour qu'il y soit présent? Qui a gagné lors de la première écoute sur cette question (126:1-2)?

4. Comment Aléandre a-t-il fait échouer son propre projet lorsqu'il a eu l'occasion d'accuser Luther en son absence (126:3)?

5. Sur quels deux points Aléandre a-t-il présenté son appel contre Luther (127:1, 2)? Quelle leçon pour notre époque pouvons-nous tirer de cette méthode d'attaque (127:3, 4)?

Luther à la diète de Worms

6. Avec le sentiment dominant contre Luther, qui est-ce que Dieu a-t-il utilisé pour détourner l'attention de l'assemblée de lui vers les abus de Rome? Quel a été l'effet de son discours (128:2-4, 129:1)?

7. Quel rôle les anges de Dieu ont-ils joué dans ce drame (128:4)?

8. Quel était le conseil des amis de Luther à Wittenberg et sur le chemin de Worms? Quel était l'esprit de la réponse de Luther à leurs supplications (129:4-130:1; 131:3, 4)?

9. Quel complot rusé a été mis en place pour inciter Luther à se détourner de son but (131:4)? Si Luther avait accepté cette invitation, il aurait été retardé jusqu'à l'expiration de son saufconduit, même s'il réussissait à atteindre le concile.

10. Dans la controverse avec Rome, quelle était la signification de la présence de Luther devant la diète (133:2)?

11. Comment a-t-il utilisé le temps de suspension d'audience, et quel a été le résultat de ce temps (134:2-135:2)?

12. Quelles sont les trois parties de ses écrits? Devant la diète, quelle était sa déclaration concernant chacune d'elles (136:1)?

13. Quelles paroles mémorables ont conclu son discours (137:3)?

_____
_____

14. Quelle a été la portée de l'influence de la prise de position courageuse de Luther pour la vérité (142:4)?

_____
_____

15. Quels termes de l'édit de l'empereur semblaient rendre la cause de la Réforme sans espoir (143:4)?

_____
_____

16. Comment l'année de la réclusion forcée de Luther a-t-elle été plus fructueuse pour la cause de la vérité que ne l'aurait été la même période s'il avait été libre (144:1-3)?

_____
_____

LE RÉFORMATEUR SUISSE

1. Wiclef, Hus, Jérôme, et Luther, sont apparus successivement comme réformateurs. Jusqu'à la diète de Worms, leur œuvre couvrait un siècle et demi. Zwingle était un contemporain de Luther et, bien qu'il ait été un chef de file, il n'était qu'un parmi plusieurs autres qui se sont levés dans les cantons de Suisse, poussés par le même Esprit de Dieu pour prendre leur place comme chefs de file dans le grand mouvement de réforme.

2. « En Allemagne, le principe monarchique prédominait; en Suisse, le principe démocratique. En Allemagne, la Réforme a dû lutter contre la volonté des princes; en Suisse, contre les désirs du peuple. Une assemblée d'hommes, plus facilement emportée qu'un individu isolé, est aussi plus rapide dans ses décisions. La victoire sur la papauté, qui a couté des années de lutte au-delà du Rhin, n'a nécessité de ce côté que quelques mois et parfois quelques jours seulement » (D'Aubigne, b. 8, ch. 1).

3. Quelles sont les deux caractéristiques essentielles des personnes que Dieu peut utiliser dans son service? Pourquoi Dieu trouve-t-il si rarement des personnes influentes et instruites possédant ces qualifications (146:1)?

4. Comment un parent âgé et humble a-t-il aidé à modeler l'esprit de Zwingle dans son enfance (146:2)?

Le réformateur suisse

5. Où Zwingle a-t-il été envoyé pour recevoir une éducation, et pourquoi son père l'a-t-il rappelé à la maison (147:1-2)?

6. À qui Zwingle était-il redevable des premiers rayons de lumière avancée, et quelle était la source de cette lumière (147:3)?

7. Quelles réflexions utiles concernant l'étude des Écritures peuvent être glanées à partir de l'expérience de Zwingle (147:4-148:1)?

8. Quelle caractéristique frappante de la réforme et du grand réveil du second avènement donne la preuve de la direction divine dans chacun d'eux (148:2; 121:2; 182:1-3; 311:3)?

9. De quelle manière l'œuvre de Zwingle à Einsiedeln a-t-elle affecté son soutien financier (149:1-150:2)?

10. Lorsque Zwingle a été appelé à la cathédrale de Zurich, comment a-t-il répondu à l'instruction donnée par ceux qui l'avaient invité (151:2-4)?

11. Qui était le principal « marchand de pardons » de Suisse à cette époque, et quel succès a-t-il eu à Zurich (152:3, 4)?

Le réformateur suisse

12. Devant le conseil de Zurich, comment Zwingle a-t-il répondu à deux accusations des députés de l'évêque de Constance, et quelle a été l'attitude du conseil (153:4-154:2)?

13. Pourquoi Zwingle ne s'est-il pas rendu en personne pour défendre la cause lors de la dispute à Bade? Comment, en son absence, a-t-il fait sentir son influence? Comparez l'apparence d'Œcolampade et d'Eck lors de la discussion, ainsi que la différence dans leurs appels. Quel a été le résultat de la discussion (156:2-157:1)?

10

PROGRÈS DE LA RÉFORME EN ALLEMAGNE

1. La disparition de Luther a-t-elle aidé ou entravé l'œuvre de la réforme (158:3)?

2. Quelle était l'attitude initiale de Mélanchthon à l'égard des prétentions de certains au don prophétique? Certains, qui étaient vraiment honnêtes, ont-ils été trompés par le mouvement? Quels sont les critères pour juger une telle prétention (159:2-5; 162:3, 4)?

3. Comment a-t-on mis fin à ce fanatisme (162:2)?

4. En quelle occasion Luther a-t-il défendu les principes de la liberté religieuse, et comment les a-t-il énoncés (160:3-162:1)?

5. Qu'est-ce que l'on dit être « l'un des moyens les plus subtils de Satan pour jeter l'opprobre sur la pureté et la vérité » (164:2)?

6. Dans certains « mouvements de réforme » actuels, nous voyons les mêmes caractéristiques que celles qui ont marqué l'œuvre de Thomas

Progrès de la réforme en Allemagne

Munzer et de ses associés. Notez ces caractéristiques: désir de réforme; ambition de position et d'influence; ils prétendent voir dans les dirigeants une « forme de populisme »; ils revendiquent un « mandat du ciel pour établir la vraie réforme »; ils sont les joueurs de leurs impressions; ils font appel au « merveilleux »; ils dénoncent tout ordre dans le culte public; ils injurient les dirigeants qui s'opposent à eux; ils font appel à la sympathie en évoquant un traitement injuste; ils revendiquent la sainteté et la sanctification (163:1-164:2).

---

7. Bien que l'on accorde à juste titre un grand crédit aux leaders de la réforme, le mouvement a atteint son sommet de succès et de spiritualité lorsqu'une armée de laïcs s'est emparée des Écritures et de la littérature pleine de messages et est allée partout prêcher la Parole (165:3). Comparez ce mouvement à celui décrit dans Testimonies, vol. 9, p. 126.

11

LA PROTESTATION DES PRINCES

1. L'empereur vacillant, Charles Quint, s'était tourné pendant un temps vers la réforme, et ses armées avaient marché sur Rome et saccagé la ville en mai 1527. Suite à cela, les armées françaises le bousculaient, et il pensait renforcer sa position en recherchant à nouveau la faveur de Rome. La diète de Spire de 1529 fut convoquée à cette fin.

2. Pendant l'intervalle de paix relative et de liberté religieuse, le mouvement de réforme s'était unifié et l'ordre ecclésiastique fut établi............

3. Comment les Turcs, les Français, et même le pape ont-ils aidé la cause de la réforme en Allemagne (169:2)? Cf. Apocalypse 12:15, 16.

4. Quelles étaient les demandes des prêtres et des réformateurs à la diète, et quel compromis était proposé (170:3, 4)?

5. Quels étaient certains des arguments plausibles en faveur du compromis? Quels principes de vérité auraient été ainsi cédés (171:2, 3)? ..

6. Dans l'épreuve finale de force, quel parti était majoritaire (172:1)?

La protestation des princes

7. À qui la minorité a-t-elle fait appel (173:3)?

8. Contre quels deux abus la protestation au concile était-elle dirigée (173:5-174:4)?

9. En quoi l'expérience de ces réformateurs est-elle une leçon pour notre temps (175:2)?

10. Comment l'expérience de Luther illustre-t-elle le pouvoir de la musique (176:3)?

11. Dans quelle assemblée la confession de foi a-t-elle été finalement lue (177:3; 178:1)?

12. Luther est-il responsable du sang qui a coulé dans les conflits entre les états allemands et les ennemis de la réforme (179:2-180:1)?

LA RÉFORME EN FRANCE

1. Après des années de guerre et d'effusion de sang dans sa tentative de réprimer la réforme en Allemagne, qu'est-ce que Charles Quint fut finalement obligé d'accorder? Comment a-t-il terminé ses jours (181:1)?

_____

_____

2. L'Esprit de Dieu peut utiliser comme instrument un jeune de vingt ans, comme Luther, ou un homme âgé de soixante-dix ans, comme Lefèvre. Chacun d'eux avait fait preuve d'un zèle remarquable en cherchant à obtenir la faveur de Dieu par des actes de prétendu mérite. Chacun d'eux a rendu un travail plus utile après la découverte de la Bible. Chacun d'eux était professeur dans une université importante et, par le don de l'enseignement, transmettait à ses élèves la glorieuse lumière de la vérité, qui avait pris la place de ses anciens efforts qui consistaient à obtenir le salut par les œuvres.

_____

_____

3. Quel était le but de Lèfevre en étudiant les Écritures, et qu'y a-t-il trouvé (182:2)?

_____

_____

4. Quel élève a été le premier à accepter et à enseigner la nouvelle foi? Quelle avait été sa première expérience (182:5)?

_____

_____

5. Quelles personnes éminentes étaient parmi celles qui ont été influencées

La réforme en France

par Farel et Lefèvre (183:2)?

6. Où fut établie la première église protestante en France, et quels changements ce fait a-t-il apporté à cette communauté (183:3-184:1)?

7. Quel noble français instruit a été considéré comme un « second Luther » ? Comment a-t-il témoigné pour Christ pour la vie et pour la mort (184:4-187:1)?

8. Comment la persécution a-t-elle à nouveau favorisé l'œuvre de l'évangile (188:1, 2)?

9. De quelles manières différentes deux individus ont-ils contribué à la conversion de Calvin (188:3-189:3)?

10. Comparez la sagesse et l'efficacité de faire avancer la vérité par la « controverse théologique » et par un travail tranquille de maison en maison (190:3, 4).

11. Quelles circonstances ont rendu possible la prédication ouverte des principes protestants à Paris? Pendant combien de temps cela a-t-il été possible (191:1, 2)?

12. Décrivez le dernier travail de Calvin en France. Où est-il allé (191:3-192:2)?

La réforme en France

Où son travail principal a-t-il eu lieu (204:1)?

_____

_____

13. Quel « mouvement d'un zèle inconsidéré » a eu des conséquences graves pour les protestants en France (192:3; 194:2)?

_____

_____

14. Quel prix terrible la France devait-elle payer pour son rejet du « don du ciel » (198:3, 4)?

_____

_____

15. Après l'échec de Farel dans l'implantation de l'évangile à Genève, quel humble instrument Dieu a-t-il utilisé (200:1, 2)?

_____

_____

16. Quel mouvement organisé est apparu à cette époque pour défendre la cause de Rome? De quelle manière ont-ils imité les réformateurs? Qu'est-ce qui a contribué à leur succès (202:2-203:2)?

_____

_____

EN HOLLANDE ET EN SCANDINAVIE

1. À quelle époque et de quelle manière les principes protestants ont-ils pénétré dans les Pays-Bas (205:1)?

2. Les déclarations concernant les missionnaires vaudois (205:3; 206:3) doivent être mises en relation avec celles qui ont paru plus tôt, notamment 60:2. Les résultats de leur travail ont été constatés des siècles plus tard, parmi les descendants de ceux qui ont reçu l'évangile directement d'eux.

3. Pourquoi la persécution des disciples de Luther a-t-elle été plus sévère aux Pays-Bas qu'en Allemagne? Est-ce que la persécution dans un endroit et la liberté relative dans d'autres endroits signifiaient que l'évangile était entravé dans l'un plus que dans l'autre (207:1)?

4. Qui était le principal réformateur en Hollande? Qu'est-ce qui l'a amené à étudier les Écritures? Quelles étaient ses qualifications en matière d'éducation? Parmi quels groupes de personnes a-t-il travaillé, et pendant combien de temps (206:2-4)?

5. Quelles sont les qualifications du jeune Tausen qui lui ont permis de bénéficier d'une rare opportunité d'éducation? En choisissant une école, quelle

En Hollande et en Scandinavie

était sa seule restriction? Comment a-t-il été finalement amené à aller à Wittenberg, et quel risque a-t-il couru en le faisant? De retour au Danemark, où a-t-il commencé son travail? Quelle a été l'efficacité des efforts déployés pour faire taire son témoignage (208:3-5)?

_____

_____

6. Où les frères qui ont mené la réforme en Suède ont-ils reçu leur formation? En quoi étaient-ils semblables, et en quoi étaient-ils différents par leur tempérament? Quelle occasion remarquable a eu l'un d'entre eux de témoigner devant la noblesse suédoise, et quel en a été le résultat (209:2-211:1)?

_____

_____

7. Dans quelle mesure le succès de la réforme était-il dû à l'érudition et à l'influence de ses dirigeants et enseignants? Quelles qualifications essentielles les caractérisaient tous (210:2)?

_____

_____

8. Comment l'acceptation du protestantisme a-t-elle affecté l'avenir de la Suède en ce qui concerne (1) sa force nationale et (2) son impact sur le destin des autres nations (211:2)?

_____

_____

PROGRÈS DE LA RÉFORME EN ANGLETERRE

1. Quelles conditions ont limité l'utilité de la traduction anglaise de la Bible par Wiclef, notamment en ce qui concerne (1) sa précision dans la communication du message de la Bible et (2) sa diffusion? Quelle contribution précieuse Érasme a-t-il apportée (212:1)?

2. Une lecture attentive de ce paragraphe nous aide à comprendre que les défauts de la version des Écritures de Wiclef n'étaient pas dus à de graves erreurs dans le texte de l'Écriture mais plutôt à une traduction défectueuse de ce texte en latin. Depuis lors, plusieurs manuscrits anciens ont été découverts, et des versions modernes des Écritures ont été traduites à partir de ces textes originaux hébreux et grecs.

3. Pourquoi Tyndale pensait-il que les gens du peuple devaient être capables de lire les Écritures par eux-mêmes? Comment envisageait-il de rendre cela possible? Quels obstacles a-t-il rencontrés dans ce travail? Où est-ce que son Nouveau Testament fut imprimé et comment s'est-il retrouvé en Angleterre? Comment l'évêque de Durham a-t-il involontairement aidé la cause (213:1-214:1)?

4. Quels contemporains de Tyndale ont défendu la vérité et magnifié la Parole de Dieu? Selon Latimer, qui était l'évêque le plus diligent de toute l'Angleterre, et comment travaillait-il? Quelle était la prédiction finale de Latimer (215:1-3)?

5. À l'endroit où de nombreux exemplaires de la Bible de Tyndale ont été brulés publiquement se trouve aujourd'hui la British and Foreign Bible House.

---

6. Quelles influences antérieures ont aidé l'Écosse à conserver sa liberté plus longtemps que l'Angleterre? Comment le flambeau de la vérité a-t-il été rallumé dans le royaume du Nord (216:1-3)?

---

7. Qui était le grand leadeur écossais de la réforme? Comment a-t-il interprété le commandement de Dieu d'obéir à leurs dirigeants? Quel sage conseil a-t-il donné pour guider ceux qui sont confus à cause des différences de croyance entre les leaders spirituels? Quelle a été l'efficacité de son leadeurship en Écosse (216:4-217:5)?

---

8. Lors de l'établissement du protestantisme en Angleterre, quels principes erronés de la papauté ont été retenus? Comment les dissidents ont-ils été traités? Quel livre remarquable a été produit par un martyr emprisonné pour la foi? Quels sont les quatre autres livres qui ont répandu plus de lumière spirituelle (218:1-219:1)?

---

9. Quelle fut la condition spirituelle de l'Angleterre un siècle plus tard? Quels réformateurs sont entrés en scène à cette époque? Comment Charles Wesley a-t-il réalisé la futilité de ses propres œuvres pour le salut (219:2-4)? Quels protestants ont allumé le flambeau qui a été transmis aux Wesley (219:2-220:2)?

---

10. Comment la vie chrétienne cohérente des Moraves a-t-elle influencé John Wesley (220:3-222:1)?

11. Quels ont été les résultats de la nouvelle compréhension de la grâce de Dieu par Wesley? Quelle fut la base de ses bonnes œuvres après sa compréhension de la grâce? Qu'est-ce qui a conduit au nom « Méthodistes » (222:1-4)?

12. Comment Whitefield et les Wesley considéraient-ils les différences mineures de doctrine entre eux (223:2)?

13. Quels sont les exemples de protection divine contre la violence de la foule que Wesley a rapportés? Les dirigeants étaient-ils les seuls à être persécutés? Avaient-ils la protection du gouvernement (223:3-224:2)?

14. Quelles sont les deux erreurs populaires que Wesley a combattues, et quels arguments a-t-il utilisés? Ces mêmes erreurs sont-elles répandues aujourd'hui (225:1-229:1)?

15. Quel succès remarquable a couronné l'œuvre de Wesley? Que peut-on dire de son influence au-delà de ce qui était visible? Mémorisez la phrase conclusive.

LA BIBLE ET LA RÉVOLUTION FRANÇAISE

1. Quelle est la signification des expressions suivantes qu'on trouve dans la prophétie d'Apocalypse 11:2-11: « la ville sainte »; « quarante-deux mois » (230:4-231:1); « les deux témoins » (231:3); « prophétiser... revêtus de sacs » (232:1; 233:4); « la bête qui monte de l'abime » (233:2); « la grande ville » (233:5); « des morts.... trois jours et demi » (235:3-236:2; 249:1)?

2. Quel avertissement est donné contre la modification du sens clair des Écritures (232:3-233:1)?

3. Quels péchés particuliers « l'Égypte » et « Sodome » représentent-ils typiquement (233:6-234:1)?

4. Quelles sont les deux classes de chrétiens qui ont témoigné pour Christ, et comment ont-ils souffert pour leur foi (235:1, 2)?

5. Dans la « guerre contre Dieu » en France, quelles mesures ont été prises contre le culte public? la Bible? le sabbat? les sacrements du baptême, de la communion et du mariage? la reconnaissance de Dieu? Qu'est-ce qui était adoré à la place, et comment cela était-il personnifié (237:3-239:5)?

La Bible et la révolution française

6. Comment l'Église a-t-elle été responsable non seulement du déclin de la liberté religieuse mais aussi de la restriction de la liberté civile par l'État (240:3-241:1)?

7. Comment la persécution des Huguenots a-t-elle contribué à la pauvreté et à la misère du pays (242:1-4)?

8. Quel était le contraste entre les classes privilégiées et les paysans pauvres, et quelles étaient les causes de cette situation? Comment le résultat s'est-il avéré être le contraire de ce que l'on attendait (243:1-244:3)?

9. Lorsque les gens du peuple ont eu le dessus sur le gouvernement, comment ont-ils abusé de leur pouvoir (24:1-245:3)?

10. Quelle erreur fatale était alors, et est toujours, responsable de la cruauté, de la dégradation et de la misère dans ce monde (247:3-248:1)?

11. Quels sont les deux grands mouvements déclenchés par Dieu à cette époque pour déjouer les plans de Satan qui semblaient avoir réussi et pour révéler au monde ses propres principes d'amour et de liberté (249:2-250:3)?

12. Dans ce chapitre, nous avons une démonstration du fait que le pouvoir malicieux de Satan est restreint par l'Esprit de Dieu, et que c'est seulement lorsque les hommes choisissent délibérément de suivre le malin, que cette protection leur est retirée. Cette vérité est encore plus clairement démontrée aujourd'hui. Voir 230:1; 236:2; 245:1; 247:5-248:1.

LES PÈRES PÈLERINS

1. Comment la question de la sagesse du compromis a-t-elle divisé les réformateurs anglais? Quels étaient les arguments pour et contre? Comment l'Église au pouvoir a-t-elle essayé de régler la controverse, et quel a été le résultat pour la minorité (251:1-252:1)?

_____

_____

2. Dans quel esprit les pèlerins ont-ils accepté les difficultés de l'exil, et comment « l'exil et l'adversité » ont-ils ouvert « le chemin de la liberté » (252-2, 3)?

_____

_____

3. Quel principe vital du protestantisme, incarné dans l'alliance puritaine, a été souligné par le pasteur John Robinson? Comment le fait de ne pas reconnaître ce principe a-t-il pu conduire aux nombreuses dénominations que nous voyons (225:4-253:3)?

_____

_____

4. Quels principes de liberté religieuse les pères pèlerins ont-ils violé pendant un certain temps? Qui a été le premier à prôner la liberté absolue de la conscience individuelle? Comment définissait-il les devoirs du magistrat? En quels termes protestait-il contre la fréquentation obligatoire de l'Église (253:4-255:2)?

_____

_____

5. La cause de la liberté religieuse a-t-elle été favorisée ou entravée par le ban-

Les pères pèlerins

nissement de Roger Williams (255:2-4)?

___

___

6. Quel principe de la Constitution des États-Unis est inhérent à l'humanité et donc au-dessus de la raison humaine (256:1)?

___

___

7. Comment le peuplement et les conditions du Nouveau Monde ont-ils été remarquablement affectés par l'offre d'asile aux chrétiens opprimés de tous les pays (256:3-257:3)?

___

___

8. Comment l'Église est-elle affectée lorsqu'elle réussit à obtenir des privilèges spéciaux auprès de l'État (257:4)?

___

___

9. De quelles manières le protestantisme a-t-il répété l'histoire de l'Église au cours des premiers siècles? Satan n'ayant pas réussi à écraser la vérité par la persécution, comment a-t-il travaillé pour corrompre les églises établies par les réformateurs (258:1-259:1)?

___

___

LES PRÉCURSEURS DU MATIN

1. Dressez la liste des personnages de l'Ancien Testament qui ont prédit la venue de Christ avec les évènements qui y sont associés. Lesquels d'entre eux ont annoncé le jugement? la résurrection? la grande joie des rachetés? la gloire de la seconde venue et les phénomènes physiques vus dans la nature (260:1-261:2)?

2. Quelles paroles positives de Christ ajoutent de la certitude à l'espérance de son retour? Qui l'accompagnera (261:3)?

3. Quel témoignage les anges, Paul et Jean ont-ils donné concernant la manière dont Christ viendra (262:1)?

4. Comment la venue de Christ est-elle liée à la restauration de ce qui a été perdu à la chute de l'homme (262:2-3)?

5. Quelles expériences spéciales ont provoqué un désir intense du retour de Christ parmi ses disciples (262:4-263:1)?

Les précurseurs du matin

6. Comment les réformateurs ont-ils été encouragés dans leur travail par la « bienheureuse espérance » (263:2-264:2)?

7. Quel a été le premier des signes promis de la proximité de la fin (264:3-265:1)?

8. Montrez comment la période du jour obscur de 1780 a accompli la prophétie? Beaucoup de ceux qui en ont été témoins ont-ils reconnu que cela accomplissait une prophétie scripturaire spécifique (265:2-267:2)?

9. Quelle était la condition spirituelle de l'Église lorsque les signes de la venue de Christ ont commencé à apparaitre? Montrez que cela aussi était un sujet de prophétie (268:4-269:2).

10. Quelles caractéristiques prophétiques du « jour du Seigneur » constituent un appel puissant à sortir de la léthargie spirituelle (269:3-270:3)?

11. Quel message d'avertissement était attendu à ce moment-là, et quel genre de personnes l'annonceraient (271:2-272:1)?

12. Combien de personnes parmi le peuple de Dieu cherchaient Christ lors de son premier avènement? Quelle était l'attitude des chefs religieux de l'époque face aux prophéties de sa venue? Quels types de personnes ont été choisis pour annoncer la naissance de Jésus? Quelles leçons peut-on tirer de cette expérience pour notre époque (272:2-275:1)?

UN RÉFORMATEUR AMÉRICAIN

1. Quels traits de caractère et quelles circonstances de la vie ont qualifié William Miller pour devenir un grand leadeur spirituel (276:1, 2)?

Remarque: Les déistes croyaient en Dieu comme grande cause de l'existence de l'univers, au devoir des hommes de l'honorer par une vie de vertu, et à la doctrine des récompenses ou des punitions, mais ils niaient que la Bible soit une révélation divine. Ils estimaient que la raison humaine était suffisante pour établir la religion et faire respecter la moralité. Lorsque les incohérences du déisme sont devenues évidentes, le mouvement s'est éteint et ses adhérents sont retournés au christianisme historique ou sont devenus des athées déclarés.

2. Quelles étapes ont conduit Miller à accepter Christ comme son Sauveur et à développer un amour ardent pour les Écritures? Quel défi l'a conduit à une étude intensive de la Bible (276:3-278:1)?

3. Quelles méthodes d'étude de la Bible ont contribué à l'illumination de son esprit? Quels livres négligés a-t-il étudiés, et avec quelles conclusions (278:2, 3)?

Un réformateur américain

4. Quand la doctrine du millénium temporel est-elle entrée dans l'enseignement chrétien, et quels en ont été les mauvais résultats? Quelles vérités concernant les évènements liés à la seconde venue de Christ Miller a-t-il redécouvertes (279:1-281:2)?
Remarque: Daniel Whitby (1638-1726), théologien anglais réputé, auteur de nombreux ouvrages à caractère polémique, fut le premier à exposer l'opinion selon laquelle le millénium n'était « pas un règne de personnes ressuscitées d'entre les morts, mais de l'Église florissant glorieusement pendant mille ans après la conversion des Juifs » (*Paraphrase and Commentary of the New Testament*, 1703, vol. II, 7e ed., p. 687).

_____
_____

5. Comment Miller a-t-il été amené à rechercher des prophéties qui pourraient indiquer le moment des derniers jours? Quelle prophétie a particulièrement semblé lui révéler le moment du second avènement (281:3-283:1)?
Remarque: Pour vous souvenir de la chronologie des 2300 jours, vous pourriez trouver utile de créer un tableau basé sur 284:2-286:4.

_____
_____

6. Combien d'années se sont écoulées entre le début de l'étude de la Bible par Miller et sa première déclaration de foi publique? Comment cette période est-elle divisée (286:4- 288:1)?

_____
_____

7. Quels désavantages liés à l'âge, à l'expérience et à la confiance en soi avait-il lorsqu'il a commencé son travail public? Comment a-t-il obtenu ses nominations? Comment les églises de l'époque ont-elles réagi à son travail et à son enseignement? Comment était-il soutenu financièrement (288:3-289:3)?

_____
_____

Un réformateur américain

8. Quelles sont les deux prophéties qui se sont réalisées à l'époque de la prédication de Miller et qui ont donné un élan remarquable au mouvement adventiste (289:4-292:1)?

_____

_____

9. Comment l'œuvre a-t-elle été combattue par les ministres populaires, par les impies, et plus tard par les dirigeants de l'Église? Quel appel raisonnable Miller a-t-il lancé aux églises (292:3-294:3; 297:2)?

_____

_____

10. Quels points de comparaison sont faits entre les jours de Noé et les derniers jours (295:1-296:1)?

_____

_____

11. Lorsqu'un chrétien ne désire pas la venue de Christ, qu'est-ce que cela révèle sur l'expérience de cette personne (296:2-297:1)?

_____

_____

12. Pourquoi Satan s'efforce-t-il d'empêcher les hommes d'étudier le livre d'Apocalypse, et dans quelle mesure a-t-il réussi (297:4-298:2)?

_____

_____

LUMIÈRES ET TÉNÈBRES

1. Les personnes que Dieu utilise pour accomplir une œuvre spéciale ne comprennent souvent pas pleinement ses desseins. Comment cette vérité s'illustre-t-elle (299:2, 3)?

2. Mis à part les limites naturelles de l'esprit humain, quelle condition a souvent conduit à l'incapacité, même pour les serviteurs de Dieu, de comprendre ses messages (299:4)?

3. Notez les parallèles suivants entre l'expérience des disciples et l'expérience de ceux qui, avant 1844, ont prêché le message du second avènement: (1) un message similaire basé sur la même période prophétique; (2) des esprits aveuglés par des erreurs établies depuis longtemps; (3) un calcul correct du moment, mais une mauvaise compréhension de la nature de l'évènement; (4) l'accomplissement de la volonté de Dieu; (5) la déception, plus tard annulé pour de bon; (6) la prière et l'étude menant à la lumière et à la compréhension (300:1-308:1).

4. De quelles manières le message adventiste, et la déception, ont-ils mis l'Église à l'épreuve et l'ont purifiée (308:2, 3)?

UN GRAND RÉVEIL RELIGIEUX

1. Analysez le message du premier ange d'Apocalypse 14:6, 7, en montrant le caractère exalté de l'œuvre, la rapidité et l'étendue mondiale du mouvement, et le moment où il était dû (310:1-311:2).

2. Comment l'essor du mouvement adventiste ressemble-t-il à celui de la grande réforme d'une manière qui suggère l'origine divine des deux (311:3)?

3. Quel Juif converti a voyagé comme un héraut pionnier du message adventiste dans de nombreux pays d'Europe, d'Afrique et d'Asie? Quelles ont été les étapes de sa conversion du judaïsme au protestantisme (311:4-312:2)?

4. Quelles vues concernant les évènements liés à la venue de Christ a-t-il adoptées, et comment son calcul se compare-t-il à celui de William Miller? Comment a-t-il répondu à ceux qui citaient Matthieu 24:36 en indiquant que le moment du second avènement ne pouvait être connu (313:3)?

5. Combien d'années Wolff a-t-il passé à voyager? Quelle reconnaissance John Quincy Adams lui a-t-il accordée? Dans quels pays et parmi quels peuples a-t-

Un grand réveil religieux

il travaillé? Parmi quels peuples a-t-il trouvé des croyants en la seconde venue du Christ (314:1-315:4)?

6. À quel moment le message a-t-il été prêché en Angleterre? En quoi ce mouvement différait-il de celui des États-Unis? Comment a-t-il été influencé par ce mouvement (315:6)?

7. Identifiez et retracez l'influence de Lacunza, Bengel et Gaussen. Le plan consistant à atteindre les parents par l'intermédiaire des enfants peut-il encore être utilisé aujourd'hui (316:1- 319:1)?

8. Lorsque les hommes ont échoué ou n'ont pas été autorisés à prêcher, qui Dieu a-t-il utilisé (1) dans les cours du temple de Jérusalem à l'époque de Christ et (2) dans les pays scandinaves pour annoncer le message adventiste (319:2-320:1)?

9. Quelle était la force relative du travail des ministres et des laïcs dans la puissante proclamation de l'avènement en Amérique (320:3)?

10. En lisant les effets solennels de ce message dans l'histoire, nous devrions aussi le voir comme une expérience future promise. (321:1-322:1; cf. 539:3-540:3).

11. Quelles paroles de Christ ont été et sont encore utilisées à tort pour con-

Un grand réveil religieux

tredire une autre déclaration claire? Quel est le témoignage de Paul à ce sujet (322:2-323:1)?

_____
_____

12. Pourquoi le rejet du message était-il un rejet délibéré de la lumière divine, alors que, comme nous le savons maintenant, Miller et ses associés se sont trompés? Quel motif indigne avait conduit beaucoup de gens à accepter le message? Comment ces personnes ont-elles été affectées par la déception (323:2-325:2)?

_____
_____

21

UN AVERTISSEMENT REJETÉ

1. Quelle était l'attitude de Miller envers l'établissement d'une nouvelle dénomination religieuse? Comment la proclamation du message adventiste a-t-elle affecté la croissance des églises (327:1, 2)?

2. Quelles conditions nouvelles ont conduit de nombreux adventistes à se séparer de leurs anciennes églises (327:3)?

3. Comment la spiritualité des églises a-t-elle été affectée par le renvoi ou le retrait des membres qui attendaient avec impatience l'apparition imminente de Christ? Qui a observé un affaissement « soudain et bien caractérisé » de la vie spirituelle dans les églises (328:1-329:1)?

4. Quels résultats tragiques suivent le rejet délibéré de la vérité biblique? Comment ce principe est-il illustré chez le peuple juif à l'époque de Christ (329:2-330:1)?

5. Quel était le but du message du premier ange, et quels résultats bénis ont été expérimentés par ceux qui l'ont accepté (330:2-4)?

6. Qu'est-ce qui a causé le préjugé général et l'incrédulité à l'égard du message

Un avertissement rejeté

adventiste? En le rejetant, qu'est-ce que les gens rejetaient d'autre (331:1, 2)?

7. En quoi le terme « Babylone », tel qu'il est utilisé dans le livre de l'Apocalypse, est-il un symbole d'une Église infidèle? Et quelles Écritures identifient cette Église avec Rome (332:1-333:3)?

8. Qui sont les « filles », et quels sont les faits qui montrent qu'elles sont celles dont il est question dans le message du deuxième ange (333:3-336:1)?

9. Comment les normes actuelles des églises populaires se comparent-elles aux idéaux de leurs fondateurs (336:2-338:1)?

10. Qu'est-ce qui est symbolisé par le « vin »? Pendant les périodes où la Bible n'est pas interdite, comment Satan empêche-t-il tout aussi efficacement les gens d'apprendre ses vérités (338:2-339:1)?

11. Comment l'annonce de la chute de Babylone dans Apocalypse 14:8 est-elle liée à Apocalypse 18:4, 5? Les conditions que nous voyons aujourd'hui confirment-elles la prédiction (339:2, 3)?

12. Alors que nous approchons du point culminant de l'apostasie moderne, qu'est-ce qui peut nous encourager à nous engager dans une activité missionnaire (340:1, 2)?

PROPHÉTIES ACCOMPLIES

1. Quels passages des Écritures ont encouragé les croyants déçus alors qu'ils continuaient à chercher une lumière supplémentaire (341:1-344:1)?

2. Comment l'ennemi des âmes a-t-il essayé d'attirer l'opprobre sur le mouvement pendant le « temps d'attente » (344:2, 3)?

3. Quelles expériences du passé indiquent que lorsque le Seigneur fait avancer un mouvement puissant, on peut s'attendre à ce que des fanatiques s'y associent (345:1-346:2)?

4. Quelle découverte dans les Écritures a conduit beaucoup de gens à attendre l'automne 1844 pour la fin des 2300 jours? Comment le moment de leur découverte a-t-il conduit à appeler la proclamation le « cri de minuit » (347:1, 2; 349:1)?

5. Comment une étude des fêtes juives du printemps et de leur relation avec la mort et la résurrection de Christ a-t-elle abouti au 22 octobre 1844 (347:4-348:3)?

Prophéties accomplies

6. Comment le mouvement du « cri de minuit » s'est-il comparé au mouvement précédent par son étendue, sa puissance spirituelle et son activité missionnaire (349:1-352:1)?

---

7. Après la deuxième déception, quels sont les trois groupes de disciples qui ont renoncé à leur lien avec le mouvement (352:1)?

---

8. Passez en revue les expériences parallèles des disciples et de ceux qui ont proclamé le second avènement (307:2, 3), et notez les points de similitude entre leurs déceptions (352:2-353:3).

---

9. Dans quel passage de l'Écriture les personnes doublement déçues trouvent-elles maintenant un encouragement et une assurance supplémentaires pour l'avenir (354:1-355:2)?

QU'EST-CE QUE LE SANCTUAIRE?

1. Miller et ses associés étaient-ils les seuls responsables de la mécompréhension de la signification du mot « sanctuaire » utilisé dans Daniel 8:14 (357:1)?

---

2. L'importance de ce fait ne doit pas être négligée. À cause de cette erreur, les détracteurs du mouvement prétendent que l'opposition du monde chrétien à son égard était justifiée. Mais les attaques contre la position de Miller étaient fondées sur d'autres motifs, qui n'étaient pas scripturaires. Aucun de ses adversaires n'a vu ou signalé l'erreur fondamentale concernant la signification du mot « sanctuaire ». Dans sa sage providence, Dieu a permis que la découverte de la vérité sur le sanctuaire constitue le cœur du message universel qui sera proclamé par l'Église du reste.

---

3. Comment les croyants adventistes, après la déception, ont-ils été divisés en deux écoles de pensée concernant leur expérience et les périodes prophétiques? Comment ceux qui ont cessé de croire que Dieu les avait guidés ont-ils repris leur étude (357:2-358:2)?

---

4. Vers quelle épitre du Nouveau Testament leurs esprits étaient-ils dirigés? Quelle preuve ont-ils trouvée pour expliquer que le sanctuaire céleste est l'antitype du sanctuaire terrestre (358:3-361:3; 364:1)?

Qu'est-ce que le sanctuaire?

5. Quelles caractéristiques du temple céleste et de ses services les prophètes Daniel et Jean ont-ils vus en vision (361:4-362:1)?

6. À travers l'étude du sanctuaire, comment les étudiants de la Bible ont-ils été amenés à de nouvelles conceptions du caractère sacré de la loi de Dieu (362:3)?

7. Quelles prophéties de l'Ancien Testament indiquent que Christ est un sacrificateur qui intercède dans le sanctuaire céleste (363:1-4)?

8. Quelle était l'agence de purification dans le service du sanctuaire? Quelles sont les Écritures qui montrent que même au ciel, une « purification » est nécessaire? Quels sont les deux moyens par lesquels les péchés étaient transférés du pécheur repentant au sanctuaire terrestre (364:2-365:1)?

9. La purification du sanctuaire était le but du jour des expiations. Quel sang du sacrifice était utilisé dans le lieu très saint? Après avoir ainsi purifié tout ce qui appartenait au sanctuaire, qu'est-il arrivé à tous les péchés qui avaient été confessés pendant l'année (365:2-367:1)?

10. Certains ont demandé comment le sang pouvait être à la fois un agent de souillure et de purification. Notez que c'est possible parce que le sang de l'offrande pour le péché n'était pas souillé jusqu'à ce qu'il devienne un moyen de transférer le péché. Aucun péché n'était confessé sur la tête du bouc le jour des expiations. Il faut les deux offrandes pour représenter Christ en tant que porteur du péché et Christ en tant qu'être sans péché. Il est capable de purifier

Qu'est-ce que le sanctuaire?

toute impureté parce qu'aucune iniquité n'a été trouvée en lui.

11. Quand est-ce que Christ a commencé son œuvre de souverain sacrificateur, et son ministère dans le premier compartiment du sanctuaire couvre quelle période de temps (367:2-368:3)?

12. On trouve d'autres preuves scripturaires pour le commencement du service et du ministère de Christ après son ascension (1) dans la prophétie de soixante-dix semaines de l'onction du « Saint des saints » (Dan. 9:24), où le mot hébreu pour « saint » se réfère seulement à une chose, jamais à une personne; (2) dans la nécessité pour Christ de devenir un membre de la race qu'il devait représenter afin qu'il puisse avoir de la compassion pour elle (Heb. 4:15-5:2); (3) dans la manière dont l'offrande sacrificielle doit précéder le service du sang (Heb. 8:3).

13. Il y avait deux voiles dans le sanctuaire. Moïse les distingue en appelant le premier un « rideau » (Heb. masak) et le second un « voile » (Heb. paroketh). Pourtant, ils étaient tous deux suspendus de la même manière, étaient faits du même matériau et avaient la même fonction qu'une porte. Dans l'épitre aux Hébreux, Paul ne fait pas de distinction entre les deux en utilisant des mots différents, mais lorsqu'il fait référence au voile intérieur, il l'appelle le « second voile » (Heb. 9:3). Comme il ne peut y avoir de second voile sans le premier, il s'ensuit qu'Hébreux 6:20 fait référence au premier voile, plutôt qu'au second. Cette compréhension harmonise le passage avec les autres Écritures et avec les conclusions auxquelles sont parvenus les pionniers après la déception et qui ont été confirmées par l'Esprit de prophétie.

14. Que préfigurait le « bouc émissaire » lors de la purification du sanctuaire (368:4)?

DANS LE LIEU TRÈS SAINT

1. Comment les vérités du sanctuaire expliquent-elles la déception de 1844? Quelles sont les deux Écritures, toutes deux importantes pour le mouvement, qui se sont avérées parallèles dans leur signification (370:1, 2)?

_____

_____

2. Quelle venue de Christ, autre que son second avènement sur la terre, a été vue par le prophète Daniel? par Malachie? Après cette venue, quelle œuvre de purification Malachie a-t-il prophétisée comme devant avoir lieu avant le second avènement et l'exécution du jugement (371:1-372:3)?

_____

_____

3. Selon une compréhension plus approfondie de la parabole des vierges sages et folles, quand le cri de minuit a-t-il été donné? Quelles sont les deux classes de vierges qui se sont alors développées? Que représente la venue de l'époux? le mariage? le repas de noces? l'épouse? les invités? le retour des noces (372:2-373:2)?

_____

_____

4. Quel groupe de croyants a accompagné Christ aux noces? Dans quelle parabole Jésus a-t-il enseigné qu'il y aurait une enquête sur les invités avant le mariage proprement dit? Qu'est-ce qui marquera la fin de la période de probation (374:1-375:1)?

_____

_____

Dans le lieu très saint

5. Dans la période de transition avant la compréhension de l'œuvre du sanctuaire, quel était le sens qu'on donnait à la fermeture de la porte dans la parabole des vierges? Quelle Écriture leur a révélé la « porte ouverte » (375:2-376:1)?

_____

_____

6. Quel est le parallèle entre les Juifs qui ont rejeté la lumière sur la première venue de Jésus et ceux qui ont volontairement ignoré son entrée dans le lieu très saint en 1844 (376:2-377:2)?

_____

_____

7. Dieu ne pouvait pas conduire son peuple plus vite qu'il ne pouvait le suivre intelligemment grâce à l'illumination du Saint-Esprit et à l'étude de la Parole dans la prière. Ils ne pouvaient suivre qu'un pas à la fois dans la lumière qui progressait, et quelques années s'écoulèrent entre la déception et le plein développement des doctrines fondamentales que les adventistes du septième jour ont maintenant. Cette période et les résultats de leur patience et de leur foi sont un contraste avec ceux qui ont renoncé à leur foi dans la direction et les conseils de Dieu dans le mouvement adventiste (377:3).

_____

_____

LA LOI DE DIEU EST IMMUABLE

1. Qu'est-ce que Jean a déclaré que l'on verrait lorsque le temple de Dieu serait ouvert dans le ciel? À quel moment cela doit-il s'appliquer? Comment l'acceptation du sabbat par les adventistes en quête de vérité a-t-elle accompli cette prédiction (379:1-380:2)?

2. Quelle était la raison cachée de l'opposition à la vérité qui a révélé le ministère de Christ dans le lieu très saint (380:3)?

3. Quelles sont les caractéristiques du peuple préparé à la venue de Christ par les trois messages d'Apocalypse 14? En quoi le premier message est-il un appel à garder les commandements de Dieu? Quel commandement souligne que Dieu est le Créateur? Comment l'observation universelle du sabbat peut-elle préserver le monde de l'idolâtrie et de l'athéisme (381:1-383:1)?

4. Que symbolise le dragon d'Apocalypse 12? La bête en forme de léopard du chapitre 13? À quel moment la bête semblable à un agneau est-elle introduite? Quelles sont les deux caractéristiques qui différencient la bête semblable à un agneau de celles qui la précèdent et des bêtes que Daniel a vues (383:2-385:2)?

La loi de Dieu est immuable

5. Comment les États-Unis sont-ils indiqués comme étant la bête semblable à un agneau dans (1) le temps, (2) la manière dont cette nation fait son ascendance, (3) son emplacement, et (4) les deux cornes (385:3- 386:1)?

6. Quelle différence frappante voit-on entre l'apparence de la bête lors de son apparition et ses déclarations ultérieures? Qu'est-ce qui est ainsi sous-entendu concernant le rôle des États-Unis dans les derniers jours? Comparez Apocalypse 5:12 et 12:9 (387:1-388:1).

7. Qu'est-ce qui a conduit l'Église primitive à rechercher le soutien du pouvoir séculier? Quelle Église a été ainsi formée, et comment a-t-elle utilisé le pouvoir séculier (388:2-4)?

8. Quelles conditions primitives ont précédé l'union de l'Église et de l'État? Quelles Écritures indiquent que des conditions similaires dans les églises d'aujourd'hui produiront des résultats similaires (388:5-389:1)?

9. Quelles conditions conduiront les différentes églises protestantes à s'unir pour inciter l'État à légiférer en leur faveur? Lorsque l'État cèdera à leurs demandes, quel sera le résultat (389:2-390:1)?

10. En quoi le message du troisième ange est-il un avertissement contre la soumission aux exigences de la « bête » ou de son « image »? Comment savons-nous que cette demande sera contraire aux commandements de Dieu (390:2-4)?

La loi de Dieu est immuable

11. Quel commandement a été intentionnellement et délibérément modifié? À la lumière du message du premier ange, pourquoi ce commandement est-il si important (391:2, 3)?

---

12. Quelles paroles de Christ réfutent l'affirmation selon laquelle il a changé le sabbat? Quelle est la revendication de l'Église catholique concernant ce changement, et comment ses membres voient-ils l'acceptation protestante de ce changement (392:1-393:3)?

---

13. Quand et dans quelles circonstances les gens recevront-ils « la marque de la bête »? Y aura-t-il une position neutre dans la crise finale (393:4-394:2)?

UNE RÉFORME INDISPENSABLE

1. Quelle prophétie d'Ésaïe promet une bénédiction aux païens qui observent le sabbat? Comment le contexte montre-t-il qu'elle s'applique aux derniers jours (395:1, 2)?

2. Comment la loi doit-elle être scellée parmi les disciples de Dieu alors qu'ils attendent sa venue (Ésaïe 8:16 et 395:3-396:1)?

3. Où le prophète Ésaïe reproche-t-il au peuple de Dieu d'avoir abandonné son ordonnance? Quelle est cette ordonnance? Quelle bénédiction est prononcée sur ceux qui la rétablissent (396:2, 3)?

4. Y a-t-il jamais eu un temps où il n'y avait pas d'observateurs du sabbat sur la terre? Quel a souvent été leur sort (396:4-397:1)?

5. Lors de la présentation de l'observation du sabbat, quelles sont les deux objections communes soulevées par le peuple (398:1-3)?

Une réforme indispensable

6. Comment le rejet général de la lumière sur le sanctuaire a-t-il conduit le corps adventiste dans la fixation d'un temps pour le retour de Christ? Comment une telle fixation du temps convient-elle aux desseins de Satan (399:3-400:2)?

7. En quoi l'expérience des adventistes après 1844 était-elle similaire à celle d'Israël aux frontières de Canaan (400:3-401:1)?

8. Quel sera le point culminant de l'esprit d'intolérance envers la vérité impopulaire? L'opposition ou la persécution est-elle une excuse pour ne pas partager le message de Dieu (401:2- 402:2)?

9. Combien de personnes sont appelées à assumer les responsabilités solennelles de sentinelles? Quel est le seul argument irréfutable contre la vérité (402:3-403:2)?

10. Mémorisez Ésaïe 51:7, 8.

RÉVEILS MODERNES

1. Quelles marques de véritable conversion ont toujours suivi la prédication fidèle de la Parole de Dieu (404:1-405:3)?

2. Quelle est la différence entre les réveils populaires et les réveils spirituels authentiques, particulièrement en ce qui concerne (1) la nature des appels lancés; (2) les résultats dans la vie des convertis; et (3) la permanence de l'œuvre de grâce (405:4-406:2)?

3. Alors que Satan anticipe le réveil et la puissance pentecôtistes promis au peuple de Dieu, comment travaille-t-il pour tromper ceux qui seront alors appelés à sortir de Babylone (406:3)?

4. Quelle est la protection du chrétien contre la tromperie par des manifestations contrefaites de la puissance du Saint-Esprit (407:1)?

5. Quels sont les enseignements populaires mais dangereux qui sont responsables des erreurs concernant la vraie sanctification et des normes basses qui en résultent? Quel danger similaire a été reconnu par le professeur Edward Parks (407:2-408:1)?

6. Quelles sont les Écritures qui réfutent l'enseignement selon lequel Christ a aboli la loi ou qu'il y a un conflit entre la loi et l'évangile (408:2-409:2)?

7. Comment le péché change-t-il l'attitude du cœur humain envers la loi de Dieu? Quel rôle important la loi joue-t-elle dans la conversion? Comment l'évangile complète-t-il ce que la loi ne peut accomplir (409:3-410:2)?

8. Quelle est la cause de nombreuses conversions superficielles (411:1)?

9. Définissez la sanctification biblique. La personne sanctifiée sera-t-elle libre de toute tentation? L'œuvre de sanctification est-elle instantanée? De quelles trois manières la fausse sanctification diffère-t-elle de la vraie sanctification qu'on trouve dans la vie de Moïse, Daniel, Job, Ésaïe et Paul (411:2-413:2)?

10. Quel point de vue concernant la relation entre la foi et les œuvres est une présomption? Quelles sont les conséquences du fait de chérir un péché connu? Qu'est-ce que l'affirmation de l'absence du péché révèle sur une personne (413:3-415:1)?

11. Comment les habitudes de santé sont-elles liées à la sanctification? Quelles pratiques courantes font partie des « convoitises charnelles qui font la guerre à l'âme » (415:2-417:1)?

12. Quels sommets le chrétien peut-il atteindre? Quelle disposition de

Réveils modernes

Dieu rend cette expérience possible (417:2-419:1)?

_____

_____

13. Quel rôle la joie joue-t-elle dans l'expérience du chrétien? Quelles sont les promesses et les expériences qui rendront la vie joyeuse? Pourquoi ces fruits de la sanctification sont-ils si rarement vus (419:2-420:2)?

_____

_____

L'INSTRUCTION DU JUGEMENT

1. Dans la vision du jugement de Daniel, qui préside? Qui sont les témoins? Quels registres sont utilisés? Qui est amené en tant qu'avocat de l'humanité? Qu'est-ce qui lui a été donné à la fin de son œuvre de médiation? Où cette scène est-elle située, et quand se déroule-t-elle (421:1-3)?

2. Par type et par antitype, quels sont les cas considérés pendant le grand jour des expiations? Quels livres sont utilisés, et que savons-nous de la tenue des registres (422:1-423:2)?

3. Quelle est la norme pour le jugement? Quelle est la récompense immédiate de ceux qui sont jugés dignes? Qui représente le pécheur pénitent (423:3-424:2)?

4. Quelle est la profondeur de l'œuvre d'investigation qui a lieu dans le tribunal céleste? Quand les péchés sont-ils pardonnés? Quand sont-ils effacés? Que dit Ézéchiel à propos de la justice des impénitents (424:3, 4)?

5. À travers la parabole du serviteur impitoyable, Christ a clairement enseigné qu'une fidélité continue est la condition pour obtenir l'effacement définitif du péché confessé et pardonné. Voir Matthieu 18:23-25.

L'instruction du jugement

6. Quelles sont les accusations portées par l'accusateur du peuple de Dieu, et comment Jésus y répond-il? Quels sont les termes de la promesse de la nouvelle alliance qui seront complètement accomplis (425:1-426:1)?

7. Pourquoi l'instruction du jugement et l'effacement des péchés doivent-ils avoir lieu avant le second avènement? Qui est alors tenu responsable de la culpabilité des péchés des justes? Pourquoi cela est-il juste (426:2, 3)?

8. Qu'arrivera-t-il à celui qui chérit le péché? Si nous étions toujours conscients des scènes de jugement, comment cette conscience affecterait-elle notre conduite? Quelles questions personnelles pouvons-nous utiliser pour notre examen de conscience (427:1- 428:3)?

9. Pourquoi est-il essentiel de comprendre le sujet du sanctuaire et de l'instruction du jugement? Comment l'œuvre d'intercession de Christ et sa mort se comparent-elles en importance (429:2-430:1)?

10. Quels sont les plans de Satan pour contrecarrer les efforts de médiation de Christ en faveur des pécheurs (429:1; 430:2)?

11. Comment les Israélites ont-ils reçu l'ordre d'observer le jour des expiations? Quelles leçons actuelles cela suggère-t-il? Comment l'instruction du jugement est-il lié à la fin de la période de probation (430:3-432:1)?

L'ORIGINE DU MAL

1. Quelles questions l'existence du péché et du mal soulève-t-elle sur le caractère de Dieu? Qu'est-ce que le péché? Comment Dieu est-il justifié de l'accusation selon laquelle il est responsable de son existence (433:1, 2)?

2. De quoi dépendent la paix, la joie et le bonheur continus de l'univers? Quel doit être le fondement de l'allégeance des êtres créés (433:3-434:1)?

3. Décrivez la position originale de Lucifer. Quel a été le début de sa défection? Jusqu'où est-il allé finalement? Quels efforts ont été déployés pour le rétablir, et quels ont été les résultats (434:2-436:1)?

4. Quels étaient les motifs et les objectifs réels de Lucifer? Comment ont-ils été déguisés, et par quelles fausses représentations a-t-il cherché à gagner la sympathie pour ses ambitions (436:2-437:1)?

5. Quelle période de probation lui fut accordée et quelles offres lui furent faites? Comment Lucifer a-t-il justifié sa mauvaise conduite après s'être pleinement engagé dans la rébellion (437:2, 3)?

L'origine du mal

6. Pourquoi Dieu a-t-il permis que la progression de la rébellion reste sans contrôle pendant si longtemps (437:4)?

_____

_____

7. Montrez comment le traitement du péché par Dieu doit être une garantie perpétuelle contre sa réapparition (438:1, 2).

_____

_____

8. Quelles autres accusations Satan et ses anges ont-ils portées lorsqu'ils ont été bannis du ciel? Quel dessein Satan a-t-il alors dévoilé (438:3-439:1)?

_____

_____

9. Par quels aspects la rébellion sur la terre est-elle semblable à la rébellion dans le ciel (439:2-440:2)?

_____

_____

10. Quel est l'argument le plus puissant contre les accusations de Satan? Quand son caractère a-t-il été pleinement démasqué? Comment Christ a-t-il été révélé par contraste (440:3-441:3)?

_____

_____

11. Comment la mort de Christ montre-t-elle l'immuabilité de la loi de Dieu (442:1)?

_____

_____

12. Comment Dieu sera-t-il finalement justifié dans l'exécution du jugement sur le péché? Quelle assurance est donnée pour le bonheur futur (442:2-5)?

_____

L'INIMITIÉ ENTRE L'HOMME ET SATAN

1. Quelle était la signification de la déclaration de Dieu selon laquelle il devait y avoir une inimitié entre la postérité de la femme et Satan? Sans cette promesse, quelle relation aurait existé entre Satan et tous ceux qui cèdent à ses tentations (444:1-3)?

2. Quelle est la raison de l'inimitié de Satan pour la race humaine, et comment se manifeste-t-elle? Comment l'inimitié envers Satan est créée chez les humains (445:1, 2)?

3. Quelle était la raison cachée de l'inimitié des Juifs envers Jésus? Et l'inimitié des pécheurs envers les disciples de Jésus (445:2-4)?

4. Comment l'ignorance et l'incrédulité populaires à l'égard de Satan et de ses ruses lui donnent-elles un avantage (446:1, 2)?

5. Quelle est la différence entre le cœur irrégénéré et le cœur renouvelé? Quelle est la façon courante d'inviter la tentation (446:3)?

6. Les humbles chrétiens doivent-ils mépriser le talent et la culture? Comment ces bénédictions peuvent-elles être utilisées par Satan comme un piège pour les autres? Quel exemple est donné du danger de pervertir ces forces (447:1, 2)?

_____
_____

7. Pour quelle campagne Satan s'est-il préparé? Quels sont les encouragements pour nous dans le conflit final (448:1-3)?

_____
_____

LES BONS ANGES ET LES ESPRITS MALINS

1. Quelle est la preuve de l'existence des anges avant la création de l'homme? Combien y en avait-il? Quels sont les exemples rapportés de leur pouvoir (450:1-3)?

2. À qui les anges étaient-ils envoyés pour transmettre des messages de miséricorde (451:1)?

3. Que savons-nous du ministère des anges gardiens (451:2)?

4. Pourquoi les enfants de Dieu ont-ils besoin d'une telle grâce et d'une telle protection (452:1)?

5. Quelle est l'origine des esprits mauvais? Quand ont-ils été particulièrement actifs, et pourquoi (452:2, 3)?

6. Décrivez la rencontre de Christ avec une « légion » de ces mauvais esprits. Quels avantages ont résulté de ce conflit (453:1-4)?

Les bons anges et les esprits malins

7. En quelles autres occasions Christ a-t-il apporté la délivrance à ceux qui étaient sous l'emprise d'esprits impurs (454:1)?

8. Quels exemples montrent que les gens possédés d'esprits mauvais n'enduraient pas toujours de grandes souffrances (454:2)?

9. Quel groupe de personnes court le plus grand danger du fait de l'action des esprits mauvais (455:1-3)?

10. Quelles promesses précieuses sont données pour l'assurance des disciples de Christ (455:4)?

LES PIÈGES DE SATAN

1. Quel est le grand dessein de Satan alors que le conflit touche à sa fin? Qui le préoccupe le plus (457:1, 2)?

2. Quels sont les plans que Satan élabore pour réduire à néant les efforts des ministres de Dieu (457:3, 4)?

3. Comment les accusateurs des frères servent-ils le dessein de Satan? Quand sont-ils particulièrement actifs (458:1, 2)?

4. Comment Satan prévoit-il d'introduire des hérésies parmi les membres de l'Église en œuvrant de l'intérieur de l'église? Quel enseignement libéral populaire présente un grave danger? Pourquoi (458:3, 4)?

5. Quels motifs erronés dans l'étude des Écritures ont conduit à la discorde et à la confusion? Comment les passages bibliques sont-ils souvent mal interprétés (459:1)?

6. Dans quelles conditions l'étude de la Bible est-elle dangereuse? Quel est le

Les pièges de Satan

résultat de la rétention ou de l'absence d'étude de certaines parties des Écritures (459:2)?

_____

_____

7. Quelles parties de la Bible sont si claires qu'elles peuvent être comprises par tous? Quelle espérance est offerte à toute âme honnête (460:1; 464:2; 466:2)?

_____

_____

8. Comment la « le libéralisme » contribue-t-il à l'anarchie? Comment la recherche scientifique a-t-elle conduit au scepticisme? Y a-t-il une réelle contradiction entre la science et la Bible (460:2-461:1)?

_____

_____

9. Quelle devrait être notre attitude envers les mystères non révélés qui dépassent la compréhension limitée (461:2; 465:1, 2)?

_____

_____

10. Quels types de lecteurs de la Bible ne sont pas protégés contre l'illusion (461:3)?

_____

_____

11. Citez cinq erreurs courantes et les raisons pour lesquelles elles sont dangereuses (462:1-463:2).

_____

_____

12. Quel est le parcours habituel de ceux qui rejettent volontairement un principe de vérité? Quelle est la raison plausible que de nombreux infidèles invoquent pour justifier leur incrédulité? (463:3, 4)?

_____

_____

Les pièges de Satan

13. Quelles sont les quatre attitudes qui conduisent à l'infidélité (464:1)?

_____

_____

14. Quelle est la véritable cause de la méfiance à l'égard de Dieu? Qu'est-ce qui est nécessaire pour maintenir la foi salvatrice (465:3-466:1)?

_____

_____

15. Pourquoi Dieu ne protège-t-il pas son peuple des tentations de Satan? Comment peut-on vaincre la tentation? Quand Israël a-t-il été protégé de la tentative de Balaam de le maudire, et qu'est-ce qui a provoqué sa chute (466:3-468:1)?

_____

_____

LA SÉDUCTION ORIGINELLE

1. Quelles raisons ont poussé Satan à tenter nos premiers parents? Comment Ève aurait-elle pu être sauvée de ses ruses? Quelle fausse espérance lui a-t-il fait miroiter, l'amenant à céder (469:1-470:1)?

2. Comment les résultats de la désobéissance à Dieu ont-ils prouvé que l'assurance de Satan était fausse (470:1, 2)?

3. Qu'est-ce que les humains ont perdu par la transgression, et comment peuvent-ils le recevoir (470:3)?

4. Comment la théologie populaire fait-elle écho aux paroles du tentateur en Éden? Comment Satan a-t-il ainsi calomnié le caractère de Dieu (471:1-473:2)?

5. À quel extrême opposé certains sont conduits par la doctrine révoltante des tourments éternels? Quel exemple de texte a été perverti pour enseigner cette erreur (473:3-475:2)?

La séduction originelle

6. Quel enseignement erroné a été responsable de nombreux suicides? Quelles Écritures enseignent clairement que les pécheurs impénitents n'hériteront pas du royaume de Dieu (476:1-477:3)?

7. Pourquoi la crainte de la vengeance de Dieu est-elle un motif inacceptable pour le servir (477:4-478:1)?

8. Comment est-il juste et miséricordieux pour Dieu d'exclure les pécheurs impénitents du paradis (478:2-479:3)?

9. Comment la seconde mort se distingue-t-elle de la première (1) par le temps et (2) par la durée (479:4-480:2)?

10. En quoi la théorie de l'état conscient des morts est-elle révoltante dans ses implications pour les justes et les injustes? Quel est le témoignage de l'Écriture (479:4-480:2)?

11. Quelles observations Tyndale et le Dr Adam Clark ont-ils faites sur la croyance populaire de la condition de l'homme à la mort? Comment cette croyance annule-t-elle la doctrine de la résurrection (482:3-483:1)?

12. Selon les Écritures, quand les justes entreront-ils dans la félicité céleste? Qu'est-ce qui doit précéder l'attribution des récompenses ou des punitions (483:2-484:3)?

13. Comment la doctrine de l'immortalité naturelle a-t-elle fait son chemin dans l'Église chrétienne? Quel était l'enseignement de Luther à ce sujet (485:1)?

_____
_____

14. Quel est le rapport entre la mort et la résurrection des justes? Le plan de Dieu pour eux pourrait-il être amélioré (549:3)?

_____
_____

NOS MORTS PEUVENT-ILS NOUS PARLER?

(voir Le spiritisme)

1. Quel est le principe de base du spiritisme? Quelle est sa fausse prémisse (487:1, 2)?

2. Quelles sont les manifestations physiques qui semblent soutenir les affirmations du spiritisme? Lorsque celles-ci sont acceptées pour ce qu'elles semblent être, quelles déceptions fatales s'ensuivent (487:3-488:1)?

3. Houdini prétendait qu'il pouvait, par un tour de passepasse, reproduire n'importe quel phénomène spirite et les considérait tous comme frauduleux. Sir Oliver Lodge a soutenu qu'il avait indubitablement communiqué avec son fils décédé. Quelle est la vérité selon les Écritures et les faits connus (488:2-489:1)?

4. Quel agréable appel au progrès futur Satan fait-il aux personnes cultivées et raffinées? Comment ce prétendu progrès s'avère-t-il être descendant plutôt qu'ascendant (489:2-490:3)?

5. Quels sont les enseignements spiritualistes qui plaisent à ceux qui se complaisent dans l'autosatisfaction et le sensualisme (490:4)?

Nos morts peuvent-ils nous parler?

6. Quelles sont les déclarations bibliques simples qui, si on y croit, constitueraient une protection contre les tromperies du spiritisme? Quelle preuve avons-nous que les pratiques du spiritisme ne sont pas nouvelles mais anciennes (491:1, 2)?

_____
_____

7. Quels sont les enseignements transmis par les esprits qui sapent les principes de base du plan du salut (491:3-492:2)?

_____
_____

8. Sous quelle forme moderne le spiritisme est-il encore plus dangereux qu'autrefois (493:1)?

_____
_____

9. Quels sont les dangers de chercher à connaitre les affirmations de ce mouvement trompeur? Comment le vrai chrétien les affronte-t-il (493:2-494:2)?

_____
_____

10. Quelles sont les épreuves fortes de notre foi en la Parole de Dieu qui peuvent nous arriver individuellement alors que nous sommes rentrons pleinement à « l'heure de la tentation »? Quelle aide sera envoyée, si nécessaire, pour notre protection (494:3, 4)?

_____
_____

11. Comment pouvons-nous expliquer la colère des nations et la préparation universelle à la guerre? Combien de personnes se retrouveront finalement dans les rangs du spiritisme (495:1-496:1)?

_____

LES VISÉES DE LA PAPAUTÉ

1. Comment le mouvement « libéral » dans les églises protestantes a-t-il affecté leur relation avec le catholicisme romain? Y a-t-il des raisons de croire que l'Église romaine est plus tolérante au fond que pendant l'âge des ténèbres (497:1-498:5; 503:3-504:3)?

2. Quelle distinction faut-il faire entre le membre individuel de l'Église romaine et le système lui-même? Quel est l'objectif de l'Église, et qu'est-ce qui indique un progrès vers ce but (499:1, 2)?

3. Quelles sont les caractéristiques du culte qui font fortement appel aux sens? Comment peuvent-elles être mises en exergue au point de remplacer la véritable adoration du cœur (499:3-500:2)?

4. Quelles sont les caractéristiques répréhensibles de la doctrine de la confession (500:3)?

5. Quel est le parallèle entre l'Église de Rome et le judaïsme à l'époque de Christ (501:1-3)?

Les visées de la papauté

6. Quel élément de son propre caractère Satan a-t-il amené les gens à attribuer à Dieu? Comment cette fausse conception de Dieu a-t-elle conduit à des pratiques cruelles chez les païens? De quelles manières s'est-elle manifestée dans l'Église catholique romaine (502:1-503:2)?

7. Pourquoi la plus grande lumière et la connaissance accrue de notre époque ne garantissent-elles pas que les jours de superstition, d'ignorance et d'intolérance sont révolus (504:4-505:2)?

8. De quelle manière les protestants ont-ils suivi les pas de Rome? Quand la première loi sur le dimanche a-t-elle été promulguée, et qui était exempté d'y obéir (506:1-3)?

9. Retracez les mesures prises ensuite pour exalter le dimanche (506:4-509:1).

10. Quelle preuve avons-nous que le changement du sabbat était un acte délibéré de l'Église sans autorité scripturaire? Comment les Abyssins, observateurs du sabbat, prouvent-ils que le sabbat a été observé pendant des siècles après Christ (509:2-510:1)?

11. Quelles sont les Écritures qui prédisent le retour des lois universelles sur le dimanche et la persécution (510:2)?

12. Quelle étape Rome attend-elle d'établir son pouvoir aux États-Unis? Comment se prépare-t-elle à cette occasion (511:1-512:3)?

L'IMMINENCE DE LA LUTTE

1. Quel est le nœud du conflit entre Christ et Satan qui dure depuis des siècles et qui fait l'objet de la controverse finale? Quels concepts placent beaucoup de gens du mauvais côté (514:1-515:1)?

2. Pourquoi la doctrine selon laquelle la loi de Dieu n'est plus en vigueur pour l'homme est (1) opposée à la raison et (2) préjudiciable dans ses résultats (515:2-516:2)?

3. Quels maux actuels sont le résultat logique de l'enseignement selon lequel les humains sont affranchis de l'obéissance à la loi de Dieu (516:3-517:1, 2)?

4. Chaque fois que la Bible ne peut plus être supprimée et que la liberté religieuse prévaut, comment Satan cherche-t-il à réaliser ce qu'il a accompli auparavant par l'ignorance et la persécution? Comment le rejet de la vérité du sabbat a-t-il conduit à l'anarchie (517:3)?

5. Quelle est la raison que certains enseignants de l'antinomisme donnent pour l'iniquité qui prévaut, et que proposent-ils comme remède? Quelle devrait être notre attitude envers l'œuvre de la tempérance (518:1)?
« Toute réforme véritable a sa place dans l'œuvre du message du troisième ange. L'œuvre de la tempérance requiert tout particulièrement notre attention et notre soutien. » (*Testimonies for the Church*, vol. 6, p. 110). « The

L'imminence de la lutte

Women's Christian Temperance Union est une organisation avec laquelle nous pouvons unir nos efforts pour la diffusion des principes de la tempérance. La lumière m'a été donnée que nous ne devons pas nous tenir à l'écart de ces principes, mais qu'il ne doit pas y avoir de sacrifice de principe de notre part, et que nous devons, dans la mesure du possible, nous unir à eux pour travailler sur les œuvres de la tempérance » (*Counsels on Health*, p. 436).

6. Quelles sont les deux erreurs fondamentales qui uniront la chrétienté nominale? Quelle triple union en résultera, et de quoi sera-t-elle le signe (519:1)? Voir aussi *Testimonies for the Church,* vol. 5, p. 451.

7. Quel rôle le spiritisme joue-t-il dans la réalisation de l'union du protestantisme et du catholicisme (519:2-4)?

8. Dans quelle mesure Satan est-il responsable des tremblements de terre et autres catastrophes naturelles? Pourquoi leur fréquence et leur gravité augmentent-elles? Quelle fausse raison sera donnée pour ces maux (520:1-521:1)?

9. Comment l'indignation sera-t-elle suscitée contre les adorateurs du sabbat par le spiritisme? Quelles sont les méthodes que Satan a utilisées au début du conflit contre Dieu qui seront répétées contre le reste (521:2, 3)?

10. Comparez les méthodes de Dieu et celles de Satan pour obtenir l'allégeance. Comment cela affectera-t-il ceux qui ne peuvent pas être persuadés de désobéir à Dieu (522:1-4)?

LES ÉCRITURES, NOTRE SAUVEGARDE

1. Quelles conditions dans les derniers jours rendent l'étude de la Parole de Dieu plus importante que jamais (524:1, 2)?

2. Pourquoi les disciples n'étaient-ils pas préparés à la mort de Christ? Quelle est la leçon pour nous? Comment les masses humaines vont-elles réagir au message final (524:3- 525:2)?

3. Comment Satan a-t-il utilisé les chefs religieux pour empêcher les gens de rechercher la Parole de Dieu? Comment Christ a-t-il enseigné la responsabilité personnelle dans la recherche des Écritures (526:1-527:2)?

4. Quand l'ignorance n'est-elle pas une protection contre le châtiment du péché? Dans quelle mesure les gens sont-ils responsables de la connaissance de la Parole de Dieu (527:3-528:4)?

5. Quelle règle d'interprétation de la Bible nous préserverait d'une tromperie fatale? Dans quel esprit devrions-nous aborder les problèmes profonds de la Bible? Qu'est-ce qui est plus important que la puissance de l'intellect (529:1, 2)?

Les Écritures, notre sauvegarde

6. Que peut s'attendre à recevoir un étudiant de la Parole de Dieu qui prie? Quelle promesse de Christ est conditionnée à la mémorisation de la Parole de Dieu (529:3-530:1)?

_____

_____

7. Notez d'autres raisons pour l'étude intensive de la Bible: (1) c'est une sauvegarde contre l'infidélité répandue; (2) elle prépare le cœur à passer l'épreuve du jugement; (3) elle favorise la production de fruits dans la vie; et (4) elle fortifie l'âme pour les temps de persécution (530:2-532:1).

_____

_____

8. Quelle joie éprouve celui qui trouve la vraie sagesse dans la Parole de Dieu (532:2, 3)?

_____

_____

L'AVERTISSEMENT FINAL

1. Quelle est la relation entre le message d'Apocalypse 18:1-4 et l'ancien message similaire qu'on trouve au chapitre 14:6, 7 (533:1-3; 539:3)?

2. Énoncez le problème effrayant auquel le monde sera confronté. Qui recevra la marque de la bête (534:1-535:1)?

3. Comment l'agitation autour de la loi du dimanche donnera-t-elle plus de force au message du troisième ange (535:2)?

4. Comment l'attitude des réformateurs envers les pécheurs est-elle souvent modifiée lorsque l'Esprit de Dieu prend possession d'eux? Quels sont les trois maux qui seront démasqués dans l'avertissement final? Quels en seront les résultats? Comment la persécution affectera-t-elle la diffusion du message (535:3-536:2)?

5. De quelles manières la foi des serviteurs de Dieu sera-t-elle éprouvée? Qui deviendra plus amer dans l'opposition à la vérité (537:1-3)?

L'avertissement final

6. Quelle vérité vitale a toujours suscité de l'opposition lorsqu'on a insisté sur elle? Montrez que la restauration de la vérité primitive a été progressive. Qu'est-ce qui permet aux serviteurs de Dieu de supporter la sévérité croissante de la persécution (538:1, 2)?

_____

_____

7. Pouvons-nous espérer une cessation de la persécution avant que l'œuvre de Dieu ne soit terminée? Comment Dieu a-t-il utilisé les dirigeants des gouvernements pour tenir en échec les puissances du mal? Comment certains d'entre eux seront-ils récompensés (539:1, 2)?

_____

_____

8. Quelles Écritures, qui ont commencé à s'accomplir à la Pentecôte, donnent l'assurance de la puissance du Saint-Esprit dans l'œuvre finale (539:4-540:1)?

_____

_____

9. Par quels moyens Dieu achèvera-t-il merveilleusement son œuvre (540:2, 3)?

_____

_____

LE TEMPS DE DÉTRESSE

1. Que signifie le fait que Michaël se lève pour (1) les coupables; (2) le peuple de Dieu; (3) les anges du ciel; et (4) Christ? Comment le pouvoir incontrôlé de Satan sera-t-il alors perçu (542:1-3)?

2. Qu'est-ce que les mauvais anges attendent impatiemment faire aussitôt qu'ils auront la permission? Quel effet le retrait de l'Esprit de Dieu aura-t-il sur les forces opposées? Comment les observateurs du sabbat seront-ils alors considérés? Quel décret sera émis contre eux (543:1-544:1)?

3. Quelle était la principale raison de l'angoisse de l'âme de Jacob pendant sa nuit de lutte? Même si Jacob n'espérait qu'en Dieu, qu'avait-il fait pour lui-même? Quelle est la leçon à en tirer pour nous aujourd'hui (544:2, 3)?

4. Quels autres parallèles y a-t-il entre l'expérience de Jacob et celle du peuple de Dieu au temps de la détresse (545:1-547:1)?

5. Quelle occasion de se culpabiliser s'ajoutera à la détresse des saints? Qu'auront-ils fait pour éviter que leur foi ne s'ébranle (547:2-4)?

Le temps de la détresse

6. Quelle séduction de Satan s'avèrera fatale pour ceux qui l'accepteront? Pourquoi Dieu ne peut-il pas pardonner les péchés confessés pendant le temps de détresse? Que fera l'épreuve de la foi des enfants de Dieu (548:1-549:1)?

7. Comment le peuple de Dieu devrait-il se préparer maintenant pour le temps de détresse? Quelles leçons apprises à l'avance peuvent diminuer les épreuves de ce temps? Quelle attitude permettrait aux jeunes de se préserver du péché (549:2-550:1)?

8. Qu'est-ce qui empêchera beaucoup de personnes d'obtenir la préparation nécessaire? Quel était le secret de la capacité de Christ à vivre au-dessus du péché? Quelle aide est promise à toute personne qui s'efforce de vaincre (550:2-551:1)?

9. De quelles manières le spiritisme va-t-il maintenant manifester sa puissance? Quel sera le point culminant du drame de la séduction? Pourquoi aucun des membres du peuple de Dieu ne sera séduit dans cette crise (551:2-552:3)?

10. Quelles expériences variées d'épreuves plus profondes connaitront ceux qui gardent les commandements à ce moment-là? Quelles pensées leur apporteront réconfort et assurance (553:1-554:1)?

11. Quelle est « l'œuvre étrange » de Dieu? Quel sera le crime terrible du monde? Qu'est-ce qui distingue les jugements finals de ceux de tous les temps précédents (554:2-556:1)?

Le temps de la détresse

12. Quelles dispositions Dieu prendra-t-il pour les besoins temporels de son peuple? Quel rôle joueront les anges célestes pour protéger les enfants de Dieu (556:2-558:1)?

_____
_____

13. De quelles manières les anges ont-ils exercé un ministère en faveur du peuple de Dieu dans le passé (558:2-4)?

_____
_____

14. Comment les sentinelles encourageront-elles leurs compagnons? Quelle assurance leur viendra du ciel? Dans le passé, Dieu a permis à beaucoup de ses saints de souffrir le martyre. Pourquoi seront-ils protégés dans la crise finale (559:1- 560:3)?

_____
_____

LA DÉLIVRANCE

1. Dans quelles circonstances cruciales la délivrance soudaine viendra-t-elle pour le peuple de Dieu? Quels phénomènes étranges arrêteront soudainement les méchants (562:1-3)?

2. Quelle expérience heureuse le peuple de Dieu connaitra-t-il à ce moment-là (562:4)?

3. Quel effet la présence de Dieu aura-t-elle sur la terre (563:1-564:1)?

4. Qui sera relevé du tombeau pour voir Christ apparaitre (564:1)?

5. Quelle sera l'expérience des méchants qui sont sur le point de détruire les saints (564:2-565:1)?

6. Quelle autre expérience glorieuse les saints connaitront-ils? Qu'est-ce qui sera révélé au regard de tous? Que verront-ils alors en ce qui concerne le sabbat (565:2- 566:2)?

La délivrance

7. Qu'est-ce qui sera alors porté à la connaissance des enfants de Dieu? Qu'est-ce qui va apparaitre dans les cieux? Quel sera l'effet sur chaque groupe d'observateurs (566:3-568:3)?

8. Quels souvenirs, associés à des remords indicibles, seront réveillés lorsque les méchants entendront la voix de Dieu (568:4-569:4)?

9. Quel sera le contraste au niveau de la taille parmi les saints ressuscités? À quelle perspective tous peuvent-ils s'attendre (570:3-571:2)?

10. Quel changement surviendra pour les justes vivants? Avec quelle sorte de char nuageux monteront-ils au ciel? Quelle cérémonie aura lieu avant leur entrée dans la Cité (571:2-4)?

11. Que verra-t-on lorsque les portes de la ville seront ouvertes (572:1)? « Plus tard, lorsque la marée montante de l'iniquité eut envahi le monde et que la malice des hommes fut menacée par un déluge dévastateur, la main qui avait planté l'Éden le retira de dessus la terre. Mais il lui sera rendu, plus glorieux encore, lors du rétablissement final, quand apparaitront "un ciel nouveau et une terre nouvelle" » (*Patriarches et prophètes*, p. 38).

12. Comment les saints feront-ils l'expérience de la signification de l'invitation: « Entre dans la joie de ton Maître » (572:2, 3)?

La délivrance

13. Comment Adam se joindra-t-il à la joie des anges et des rachetés lorsqu'il rencontrera le Sauveur (573:1-574:1)?

_____

_____

14. Quelle scène se déroulera sur la mer de cristal? Par quelles expériences les saints devront-ils passer pour chanter le « cantique nouveau » (574:2-575:2)?

_____

_____

15. Comment la croix de Christ sera-t-elle considérée à travers les âges? Quels mystères seront toujours dévoilés à sa lumière (5576:2-577:2)?

_____

_____

LA TERRE DÉSOLÉE

1. Quels jugements sont prédits pour Babylone (578:1-3)?

2. Quel terrible remords s'emparera de ceux qui ont rejeté la miséricorde de Dieu? En quoi cela diffère-t-il de la repentance du péché (579:1, 2)?

3. Comment les faux bergers seront-ils particulièrement punis (579:4-580:3)?

4. Lorsque la controverse des six mille ans atteindra son apogée, qui sera inclus avec Satan et ses disciples rebelles? Que leur arrivera-t-il (580:4-582:1)?

5. À quelle condition la terre sera-t-elle réduite? Qu'est-ce que « l'abime » et dans quel sens Satan sera-t-il lié (582:2-584:3)?

6. Quelle sera l'œuvre spéciale des saints pendant les mille ans? À la fin de cette période, que se passera-t-il (584:5-585:2)?

LA FIN DE LA TRAGÉDIE

1. Lorsque les méchants seront ressuscités à la fin des mille ans, quelle scène verront-ils? Que diront-ils? Pourquoi n'auront-ils pas un second temps de probation? Où se posera la nouvelle Jérusalem (586:1-3)?

_____

_____

2. Qu'est-ce que Satan espère encore accomplir? Par quelles affirmations trompeuses s'assurera-t-il la confiance de ses partisans? Quelles conditions sembleront donner de l'espoir à leurs efforts (587:1-588:1)?

_____

_____

3. Alors que les armées du mal entourent la cité, quelle scène de gloire leur apparaitra? Qui, parmi les rachetés, sera le plus proche du trône? Quelle sera le contenu du chant des rachetés (588:1-589:1)?

_____

_____

4. Quelle cérémonie aura lieu aux yeux de tous? Avant l'exécution du jugement sur les méchants, comment leur fera-t-on comprendre que leur sentence est juste (589:2, 3)?

_____

_____

5. Quelles sont les scènes marquantes qui seront reconstituées sous forme panoramique? Comment chaque acteur prendra-t-il conscience du résultat de sa mauvaise conduite (590:1, 2)?

_____

_____

La fin de la tragédie

6. Comment verront-ils alors leur refus d'accepter l'évangile lorsqu'il leur a été proposé? Quelle reconnaissance sera forcée sur leurs lèvres (591:4-592:1)?

7. Quels souvenirs reviendront à Satan lorsqu'il verra ces scènes (592:2, 3)?

8. Comment Satan sera-t-il considéré lorsque ses mensonges seront démasqués? Que sera-t-il enfin contraint de faire (593:1, 2)?

9. Que seront prêtes à déclarer toutes les créatures de l'univers? Quelle déclaration Christ fera-t-il concernant les rachetés, et quel sera leur chant de réponse (593:3-594:1)?

10. Comment Satan révèlera-t-il que son caractère est inchangé? Comment ses disciples répondront-ils à sa dernière tentative de les diriger (594:1)?

11. Par quel moyen le péché et les pécheurs seront-ils finalement détruits? Quelle sera l'expérience des saints pendant cette destruction (595:1-596:1)?

12. Quelle double action le feu descendu du ciel accomplira-t-il? Quel souvenir unique du péché restera-t-il? Dans quelle mesure l'œuvre de restauration sera-t-elle complète (596:2-597:1)?

La fin de la tragédie

13. Quel est l'héritage des saints ? Quelles expériences terrestres manqueront ? Comment les saints occuperont-ils leur temps (597:2-601:2) ?

_____
_____

14. Quelle grande vérité concernant le caractère de Dieu sera établie pour toujours dans tout l'univers (601:3) ?

_____
_____

www.ingramcontent.com/pod-product-compliance
Lightning Source LLC
Chambersburg PA
CBHW080859010526
44118CB00015B/2208